U0002937

新手父母

股市憲哥的
親子理財學
修訂版

對抗M型化社會趨勢，理出親子富未來

股市憲哥的
14堂財商課

賴憲政／著

趁早金錢教育 × 釐清理財迷思 × 小資家庭投資法

目錄

作者序 父母給孩子
最好的禮物是「榜樣」—— 17

A 親子金錢教育篇

終結「惡性循環」，錯誤觀念要更新！

01. 談錢太俗氣？順其自然，孩子長大就懂？

先以身作則再調整心態，
金錢教育不能等 —— 26

▶ 「孩」性本惡，金錢教育不能馬虎 —— 28
▶ 最有錢的民族，從小就和孩子談錢 —— 32
▶ 帶著孩子一起變有錢的 5 個好心態 —— 36

02. 吃的用的都不愁，發零用錢多此一舉？

給孩子的零用錢
是培養財商的第一課 —— 42

▶ 價值觀未定型前，是財商教育關鍵期 —— 44

▶ 超過 80％的孩子，天生不知錢可貴 —— 47

▶ 給零用錢前，先帶孩子練習 5 件事 —— 50

▶ 孩子抗議零用錢太少，爸媽應該加碼嗎 —— 54

03. 零用錢是孩子的，要花要存爸媽都別管？

花錢存錢耐心教，
讓零用錢滾出大效益 —— 58

▶ 讓孩子實際體驗「他的零用錢支配權」 —— 60

▶ 爸媽 3 助力，孩子存零用錢變習慣 —— 64

▶ 讓零用錢滾出教育基金的 4 種投資 —— 69

04. 「壞玩具」當教材，要孩子節儉不難？

節儉是財富起源，
微調習慣就可達成 —— 76

▶ 養成孩子節儉美德，爸媽是最大功臣 —— 78

▶ 教孩子節儉，用「壞玩具」當教材 —— 84

▶ 現在犧牲享受，以後才能享受犧牲 —— 87

05. 物價高、薪水差，存不了錢合情合理？

富人公式儲蓄法，
解除「空錢包」危機 —— 94

▶ 富人公式：收入－儲蓄＝支出 —— 96

▶ 儲蓄能避免「空錢包」引起的禍端 —— 100

▶ 把握 4 撇步，避開儲蓄失敗排行榜 —— 103

06. 親子購物都停看聽，忍耐才能理性消費？

教 CP 值、記帳防透支，
隔絕卡債族體質 —— 108

▶ 建立不透支觀念，長大不變卡債族 —— 110

▶ 買東西前停看聽，CP 值比出物超所值 —— 114

▶ 記帳把握 3 眉角，控管支出有效果 —— 119

07. 總認為等有錢再說，小心把沒錢變習慣？

領幾 K 非重點，
複利威力讓小錢滾大錢 —— 122

▶ 拔除心理障礙，別讓「沒有錢」變習慣 —— 124

▶ 複利威力超級大，小錢滾久變大錢 —— 128

▶ 巴菲特給年輕人的投資鐵則：不要虧損 X 3 —— 132

▶ 走穩走好，小資族的投資路不跌倒最好 —— 135

B 爸媽投資入門篇

不想「錢途似緊」，投資理財要趁早！

08. 投資商品百百款，適合我的到底是哪一款？

量力而為很重要，
吃得下睡得著才是王道 —— 140

▶ 「投資報酬率」與「風險」always 形影不離 —— 142

▶ 第一桶金未到手，別急著投入高報酬商品中 —— 147

▶ 「吃得下，睡得著」才算符合個性的投資法 —— 149

09. 變形保單當投資，簽約就是負債的開始？

投資型保單陷阱大，
讓保險回歸單純保障 —— 152

▶ 買保險守「雙 10 定律」，夠用好用才是重點 —— 154

▶ 量身選擇保單，讓保障發揮最大作用 —— 157

▶ 保額保多少，要看對家中經濟的貢獻多少 —— 159

▶ 投資型保單的投資，從「負債」開始 —— 164

10. 定存並非零風險,微薄利息是美麗謊言?

用「進擊的定存」擺脫負利率時代的危機 —— 168

▶ 隱形的通膨風險,讓定存的錢愈滾愈薄 —— 170

▶ 銀行當會頭倒不了,標會不怕血本無歸 —— 174

▶ 篩選過的股市資優生,定存股首選 ETF —— 178

11. 股市是惡夜叢林,想活命最好保持距離?

用 333 選股法,存股獲利當股市長青樹 —— 184

▶ 買低賣高賺價差,選好標的賺股利 —— 186

▶ 拉長投資期限,用「存股」創造大財富 —— 190

▶ 運用「333 選股法」,種出股市長青樹 —— 195

12. 優質股票成本高，穩定報酬看得到吃不到？

小額首推存股證，
一半資本兩倍報酬 —— 200

▶ 小資男女求翻身，穩中求利的明燈 —— 202

▶ 半價買進龍頭股，享股利還不用課稅 —— 204

▶ 長期小額投資首推，挑對標的賺翻倍 —— 207

13. 基金投資全靠理專，不用功就想賺到錢？

選金基母靠自己，
想賺錢要靠停損停利 —— 212

▶ 定期定額買基金，強迫儲蓄好方法 —— 214

▶ 理財專員別盡信，找金「基」母靠自己 —— 217

▶ 基金交易價格，不如股票市場的即時 —— 219

▶ 買愈久≠賺愈多，停損停利絕對必要 —— 220

14. 搶先跟進超夯投資，結果賠的比賺的多？

投資地雷要知道，
避免賠了夫人又折兵 —— 224

▶ 地雷一：買了馬上虧的「黃金存摺」 —— 226

▶ 地雷二：沒三桶金，先別嘗試「外幣買賣」 —— 231

▶ 地雷三：錢脈人脈兩頭空的「直銷」 —— 236

後記 可以替孩子鋪設康莊大道，
　　 但先教會他：未來怎麼繼續走下去 —— 241

作者序

父母給孩子
最好的禮物是「榜樣」

　　現代雙薪家庭當道，爸媽一旦忙於工作，根本無暇照顧孩子，請長輩幫忙，隔代教養，爺爺奶奶容易寵壞孩子；或送去安親班補習班，但外人協助教養，常淪為寫功課寫評量的形式。

　　到了假日，爸媽為了降低心中愧疚，想要彌補孩子，只是培養親子之情的相處與傾聽，短時間內難見成效，最後往往變成「金錢」補償。

　　於是，爸媽成了有求必應的許願池，溺愛的結果，養出：任性幼稚、目中無人、情緒暴躁、予取予求、不知感恩的小霸王、小公主。

　　這些孩子，在家裡沒有親情支撐，與爸媽關係劍拔弩張，衝突一觸即發。更是容易變成問題學生。

　　隨著孩子長大，愈是索求無度，獅子大開口。從要高價球鞋、智慧型手機，到要精品、跑車，爸媽只要給的起，恐怕也照給不誤，之後爛攤子卻收拾不完。

　　富二代開著千萬跑車耍帥炫富、沉迷於聲色場所，吃喝嫖賭毒樣樣來，無惡不作。等出了事，鬧上社會版面，新聞中爸媽依舊替孩子求情：「我的孩子很乖的。」

　　這是爸媽從小就寵，沒有建立孩子的正確觀念，導致行為偏差的可怕後果。

　　「養不教，父之過；教不嚴，師之惰。」

　　在過去，生容易，養不容易，教最困難。而現代人晚婚、壓力大，連「生」都比以前困難多了。好不容易盼到的孩子，能不好好「教」、好好「養」嗎？

曾有爸媽向我抱怨：

「辛苦一輩子，把屎把尿把孩子拉拔長大，還送出國深造。頂著國外學歷，回國也找到好工作。自組家庭後，卻視爸媽如陌路。對我們不聞不問，對手足漠不關心。怎麼讀這麼多書，反而成了一個自私自利的人。」

我相信，這個故事絕非特例。社會新聞常見高學歷高收入的孩子，把爸媽丟在醫院養老院，漠不關心，但病危時總會出現「拜託醫生一定要救」。追根究柢，才知道救起來了，才能繼續代領爸媽的保險、退休金。

網路上流傳一個感人故事：

一名研究所剛畢業的年輕人，去應徵一個大公司的經理職，並通過第一階段的面試，到了由董事長親自面試的最後階段。董事長發現，這個年輕人的成績相當優異，而且從中學一路到研究所，都是如此。

董事長：求學階段有拿到獎學金嗎？

年輕人：沒有。

董事長：是您的父親為您付學費的？

年輕人：父親早世，是我的母親付的學費。

董事長：您的母親在哪家公司高就呢？

年輕人：我的母親是幫人洗衣服的。

董事長看年輕人一手潔白。一問之下，才知道年輕人從沒幫忙洗過衣服。因為他的母親總是要他多讀書。

於是，董事長向年輕人提出要求：「您等等回家，幫您的母親洗一次雙手。明天再來見我。」

年輕人一到回家，便高興地說要幫母親洗手。母親受寵若驚地伸出手來。洗著洗著，年輕人的眼淚掉下來。

這是年輕人第一次發現，母親的雙手由於長時間替人洗衣服、持續接觸肥皂水，布滿了厚厚的老繭，其中還有個傷口，碰水時還疼到發抖。

年輕人這才終於知道：原來，母親就是用這雙手，替他付了這麼多年的學費。後來，便一聲不響地，把母親還沒洗完的衣服全給洗了。

當天晚上，母子倆聊了很久很久。

第二天，年輕人去見董事長。董事長看他雙眼紅腫，問：「可以告訴我，昨天回家做了些什麼嗎？」

年輕人據實回答，還跟董事長分享了自己的感受與體會：「第一、我懂得感恩，沒有母親，就沒有今天的我。第二、我懂得和母親一起勞動，才知母親辛苦。第三、我懂得家庭親情的可貴」。

最後，董事長錄取了這位懂得感恩、懂得體會別人辛苦、重視家庭情分的年輕人。

「孝禮義誠信」是做人的基本道理，也是立身處世，成就事業的基石。現代不是古代須「以『忠』為首」，並「機『智』過人」。**在教孩子念書、理財前，更要重視家庭教育。而家庭教育的目標，便是建立孩子的觀念。**

　　讓孩子知道賺錢養家的辛苦，他會懂得感恩、同理以對。幫孩子建立正確的金錢觀，他會懂得珍惜，並妥善運用每一塊錢，不管這塊錢怎麼來的。

　　這樣的孩子在長大後，不只會對父母盡孝、對長輩有禮、對手足有義，還能誠懇待人、言而有信。

　　人生的價值，在於創造一個有價值的人生。有價值的人生，從來不是取決於學歷的高低或富裕的程度。

　　「三歲看小，七歲看大。」爸媽的價值觀與教養的態度，會透過親子互動，影響孩子的人格養成、認知能力及社會行為等發展。家庭是孩子成長的搖籃，教養則是爸媽責無旁貸的天職。這樣的責任，是不容許也不適合推給學校、補習班、老師的。

　　和孩子相處最久、接觸最密切的人，通常是孩子最重要的認同與模仿對象，爸媽要自願擔任這個角色。

　　「父母給孩子的最好禮物，是榜樣；孩子給父母最好的禮物，則是榮耀。」家長要用人生閱歷，做孩子的最佳領航員。**身教重於言教，以身作則、言行一致，日常生活中，孩子耳濡目染，教養就在無形中達成目標。**

股市憲哥

親子
金錢教育篇

終結「惡性循環」，
錯誤觀念要更新！

01

談錢太俗氣？順其自然，孩子長大就懂？

先以身作則再調整心態，金錢教育不能等

「孩」性本惡，若爸媽沒有及時導正，還助長聲勢，讓與生俱來的小瑕疵持續擴大，恐怕會變成損人不利己的大缺點，尤其是「用錢觀」。例如，不管孩子要什麼，爸媽二話不說就掏錢。大人以為的愛，其實是害。

　　偏偏大部分的爸媽，不知道該怎麼跟孩子說錢，認為賺錢是大人的事，期待著孩子「長大自然就會懂」，卻忘了有慧根的人太少，不把握機會教育，孩子長大變成啃老族的比例，遠比「自然懂了」的多。

　　孩子不只可塑性高、領悟力也強。家庭是孩子的第一間學校，爸媽則是孩子的第一任導師，除了要肩負起「金錢教育」的重任，還得以身作則、調整心態，成為孩子學習的好榜樣。

「孩」性本惡，金錢教育不能馬虎

孟子曰「人性本善」，荀子曰「人性本惡」，各有各的主張，各有各的道理。

我則傾向「人性本惡」。過去，我看著兩個兒子，從小愛搶玩具、爭先恐後（甚至出現一些小動作）要讓爸爸抱等，這些都是無師自通、與生俱來的最初性格。大人看在眼裡，覺得「真可愛」。不過，這種態度若延續到大，養成自私、善妒的個性，十之八九就可愛不起來了。

還好，小孩就像張白紙。即使有些小黑點、小瑕疵，**只要趁早教育，就能防止黑點變更黑、瑕疵變更大。**

臺灣爸媽對孩子的教育很重視，卻顯得侷限。

為了贏在起跑點，補英語、補數學、學才藝等，什麼都要會，就是不用知道「錢從哪裡來」，因為「錢的事，爸媽想辦法就好」。

孩子要是讀書的料，情況就更嚴重了：

「吃飽趕快去讀書，碗筷媽媽來收就好。」

「房間讓媽媽整理，你快點去念書。」……

爸媽縮衣節食、辛苦奔波，想盡辦法替孩子鋪出一條最安全、最合理，而且非常舒服的一條路。

於是，一個又一個的小皇帝、小公主、小霸王，最後晉級為大魔王 ──「啃老族」。本想著望子成龍、望女成鳳的爸媽，反成了孩子的專屬提款機。

多數臺灣爸媽認為，「賺錢」永遠是大人的事。孩子的責任是「把書讀好（把成績顧好）」，甚至連想打個工，體驗生活，爸媽都第一個跳出來 SAY NO。

以為這樣，對孩子的將來就是保障。卻忘了，溫室長大的花朵，承受不了風雨的摧殘。

養出「除了讀書，什麼都不會」的孩子，出了校園、少了成績撐腰，戰鬥力、競爭力瞬間歸零。過慣好日子的他們，才曉得原來現實這麼殘酷。

近年來，雖然隨著教養風潮的改變，「萬般皆下品，唯有讀書高」的觀念，不再被奉為圭臬。爸媽也漸漸會擔心孩子，讀到碩士博士卻沒常識，於是開始關注品格、人際、情緒等教育。

只可惜，大部分爸媽仍是不把「金錢教育」當回事。

當孩子習慣「有錢就花」、不懂為明天做準備時，影響的不只自己：往上會連累父母、向下則牽連子孫。如此一來，即使奉上金山銀山，遲早坐吃山空。

　　臺語有句俗諺說：「葉子沒挽不成叢，囝仔沒損不成人」。意思是要養成一顆漂亮的樹，得花上一年、五年、十年、二十年……，慢慢地雕塑是絕對的。

　　這段期間若發現枝葉長壞或長歪了，愈快進行修剪、矯正，愈容易長回筆直的樣子。

　　人也是如此。別誤會，我可不是要讀者依字面意義，變成執行鐵律的虎爸虎媽，而是想要傳達一個重點 ──「**孩子愈小，可塑性愈高**」。

最有錢的民族，從小就和孩子談錢

我認為，「金錢教育」是教養中的重要課題。「金錢」是人生必需品，不盡早學會「如何使用」是很可怕的。

俗語說：「第一代儉腸耐肚，第二代花錢如土，第三代賣子女當某」。為什麼總是「富不過三代」呢？

第一代白手起家、勤儉持家，財富逐漸累積，生活獲得改善。第二代誕生後，承接前代攢下的財富，即使不努力，生活也無虞。到了第三代，心態與花錢方式雖和第二代差不多，卻由於家產所剩無幾，又少了危機意識、好逸惡勞，坐吃山空成為必然。……

持續下去，一代不如一代的惡性循環，很快就會變成代代都是「負二代」。所以，沒人說「窮不過三代」，因為若是觀念不改，一窮可能窮上好幾十代。

擔心這種狀況在未來實現的爸媽，必須拋開過去「談錢傷感情」的想法，學著和孩子「談錢」。

　　把握機會，教導孩子理財知識，灌輸他「金錢得來不易，即便是一塊錢，也要花的精準到位」的概念。

　　說到金錢教育的成功，就不得不提「猶太人」。

　　猶太民族經常與「富有」畫上等號。這是個人口不到全球的 1%，卻幾乎掌握了世界經濟命脈，被公認為「世界第一商人」，堪稱最「好野」的民族。

　　在二〇一五年，《富比士雜誌（Forbes）》公布的全球富豪排行榜前五十名中，猶太裔富翁就占了十位。

　　如此驚人的頭銜與影響力，絕非偶然。而是來自於猶太人從小對金錢教育的重視。在他們的觀念裡，正確把握金錢的價值，是「致富」的關鍵。

　　猶太人給孩子的第一個觀念，是 ──

　　「金錢並不是罪惡，金錢是上帝賜予的東西。想要的話，就要靠腦力去取得。學會賺錢，才能獲得想要的一切。這是每個人都該學習的本事。」

　　對猶太人來說，這是一件非常重要，不分年齡、得從日常生活培養的事，而且愈早開始學愈好。於是，在家裡談錢、和孩子談錢，顯得理所當然。

　　孩子三歲時，帶著他認識硬幣、鈔票；五歲時，試著讓他去買東西，知道付錢找錢、知道錢可以買東西、知道錢是「賺」來的；七歲時，要他學著看懂價格標示、運用加減乘除計算，加強「用錢購物」的概念……。

　　猶太民族的金錢教育，其實是自然而然，完全不刻意、不著痕跡的引導。藉由生活化模式，讓孩子慢慢對錢感興趣、了解錢的用途、明白錢的好處、知道錢的重要性與必要性。待孩子懂得這些關於錢的基礎後，再循序漸進地傳輸正確的賺錢、理財、投資的概念。

　　猶太人認為，擁有賺錢的智慧，賺錢就可以變得簡單容易。**賺到錢、有了錢之後，還得有理財知識，才不致於揮霍，而是能把錢花在刀口上。**

建立孩子的金錢觀，把握3～12歲關鍵期

很多幼兒教育專家提出 ──「3歲看大，7歲看老，12歲後的人生，更是差不多定型了」。「金錢教育」也該把握3～12歲這段關鍵期。趁早建立孩子正確的金錢觀，將有助於他一輩子的發展。

建議年齡	階段目標
3歲以前	• 帶著孩子認識「錢是什麼」（紙鈔、硬幣） • 孩子應該要知道「錢是有價值」（不同於玩具）
3～5歲	• 趁機教育孩子「錢，是可以用來買東西的」 • 讓孩子明白「錢的實際價值」（如100元的鈔票） • 教導孩子「購買東西的時候，必須付錢與找錢」 • 想辦法讓孩子理解「錢，是工作之後獲得的酬勞」
5～7歲	• 教孩子讀懂、看懂「商品上的價格標示」 • 找機會讓孩子擁有「自行上街購物」的體驗 • 訓練並加強孩子「加減乘除」的運算概念 • 確實了解「錢，不會從天上掉下來」的道理
8～12歲	• 孩子應該要知道「家中經濟」的大致狀況 • 學會「節儉」與「儲蓄」的重要性與可行做法 • 孩子要懂得「分配與規劃零用錢的用途」 • 購物時，能明白「金錢有限，因而必須做選擇」

帶著孩子一起變有錢的 5 個好心態

「錢不是萬能，但沒有錢萬萬不能。」

「有錢，人叫你董仔，沒錢，人叫你等仔。」

「有錢妝甲水水，沒錢穿甲那鬼。」

「有錢講話大聲，沒錢講話誰聽？」……

這些說法真的不是誇飾過頭，而是現實社會的確如此。無時不刻都要用錢，有錢沒錢影響可大了。

一文錢就能逼死英雄好漢，更何況是普羅大眾：子女討錢不成而傷親弒親、缺錢花用而逼妻女為娼；富二代揮霍無度、拉 K 吸毒、敗光家產；負二代陷入無限輪迴，難以翻身……。眾多報導，觸目驚心，令人不勝噓唏。

層出不窮的社會悲歌，80％都跟金錢有關。沒有人會希望自己或子女成為故事中的悲情主角、成為新聞事件裡的受害者或加害者。所以，執行「金錢教育」，是非常重要，而且刻不容緩的工作。

「等孩子長大再教，應該 OK 吧？」

「何必這麼早就給孩子壓力呢？」……

現代孩子與外界（如電視、同儕、網路）接觸機會大增，加上超強吸收力、模仿力，稍不注意就會受影響。

與其等孩子壞習慣壞觀念建立，再來悔不當初，不如早點教早點學，聽不懂、學不會的話，還有機會多說幾次。

尤其，孩子的觀察力與領悟力，更是不容小覷。

我在遠東證券上班的那段日子，身懷小兒子的老婆買完菜，偶爾會帶著大兒子到我公司附近晃一晃，順便接我下班，再一起去吃午餐。久而久之，年僅四歲的大兒子，居然對股市的漲跌有感：

當電視牆一片紅通通時，他會滿心期待、笑盈盈地問「爸爸，今天中午要到哪家餐廳吃飯啊？」

反之，要是股市不給力，電視牆呈現一片綠油油，他便會識相地「恬恬」，坐在一旁等。

　　那時，我從沒教過兒子任何關於股票的知識，他壓根不懂紅是上漲，綠是下跌。

　　我猜，他大概是透過老爸的表情變化和證券行內的氣氛，自己漸漸領悟出來的。這可讓我不得不佩服，現代孩子的早熟與察言觀色的能力。

　　時代在變，教孩子的方法也要跟著變才行得通。要有成功的金錢教育，爸媽先要把心態調整一下：

態度1 談錢不俗氣，談錢很實際

　　在猶太人的觀念裡，「金錢是現實生活的上帝」，因此千萬不能鄙視財富。不論家財萬貫，或家徒四壁，都不該把金錢置之度外、棄如敝屣，這些「脫俗」的想法或做法，只會讓財富愈來愈遠離。

　　就像我從不諱言：「我很愛賺錢。從小就立定志向，要成為有錢人，要讓爸媽過好日子」。我始終相信，先喜歡錢，錢才會找上門來。

態度2 言教重於身教，父母是最好榜樣

爸媽給孩子最好的禮物是「榜樣」。家庭是孩子的第
一所學校，父母是孩子的第一任導師，講千遍萬遍的大道
理，還不如爸媽以身作則、孩子耳濡目染的影響力道。

正確金錢觀念的養成，尤其需要爸媽當榜樣。要是成
天嚷嚷孩子要節儉，自己卻三天兩頭購物血拼，恐怕怪不
得孩子始終學不會吧！

態度3 讓孩子知道「賺錢辛苦」不丟臉

東方的爸媽總愛把賺錢責任，攬在自己身上，再苦再
累都往腹裡吞。這種方式最容易養出不懂珍惜、需求無度
的孩子，一旦「開口就有錢，伸手錢就來」，孩子就會缺
乏金錢概念，吃米不知米價。

所以，務必藉機讓孩子知道賺錢的辛苦，例如，和他
分享職場甘苦、討論各行各業的辛苦。這並非將經濟壓力
加諸子女，目的是讓他們知道「錢得來不易」。

態度4 千萬別用「贖罪」心態給孩子錢

社會上，愈來愈多的雙薪與（假性）單親的家庭。當家長忙於工作、疏於陪伴，習慣以「錢」彌補。

例如，離鄉背井到外地工作，回家就成了聖誕老公公給禮物，或當散財童子給零用錢。爸媽常會期待以錢贖罪，降低沒有親子時間的罪惡感。不過，大人的心輕鬆了，孩子的心卻扭曲了。這種方式導致孩子把「給他錢」視為理所當然，因此覺得錢是無償的而不知感恩。

態度5 給孩子魚吃，不如教他釣魚方式

有句話說「給孩子百萬千萬，不如給他好習慣」，一個不小心，養出「伸手牌」的後代，親子雙方的生活都會很難過。畢竟，父母不可能替孩子釣魚（賺錢）一輩子，家裡的魚（錢），也不可能永遠吃（用）不完。

只有教會孩子釣魚（賺錢）的方式，才能保證他的未來有魚可吃（有錢可用）。

耳濡目染下的溫州商人

　　號稱全中國最會賺錢的城市 ──「溫州」，是一個商業化程度極高的地區。被譽為中國猶太人的溫州商人，他們的經營方法，甚至被經濟界稱為「溫州模式」，各方爭相學習。

　　難道，溫州人的基因裡，即含有會做生意的因子嗎？

　　當然不是。大部分的溫州人是因為從小的耳濡目染，當阿公阿嬤、爸爸媽媽、同學鄰居皆從商，這不光是家族影響力，還結合整個村莊、整個社會的氛圍。久而久之，孩子飽受薰陶，年紀一大，加以提點，成為商人的機率，就比其他人高出許多了。

吃的用的都不愁，發零用錢多此一舉？

給孩子的零用錢
是培養財商的第一課

早期爸媽尤重「智商」，所以有潛能開發課程、先修班；接下來「情商」開始被看重，於是著重人際關係、品德教育的教養觀點出現了。

　　不過，少有爸媽為孩子的「財商」下功夫。簡單的說，財商就是理財的智商。爸媽的不重視、怕麻煩、不知怎麼教……，常使財商教育一拖再拖。學齡前到國小畢業前的階段，正是財商教育的關鍵時期。

　　根據「八二法則」，若沒人教、耳提面命，有近八成的人會傾向「喜歡享福享樂，卻懶得付諸行動」的天性。若不盡早教育與調整，待孩子誘因變多、花錢機會變多，事態就嚴重了。

　　其實，「發零用錢」就是一種帶著孩子的學習方式。在家裡，爸媽就能自己替孩子上財商課。

價值觀未定型前，是財商教育關鍵期

絕大部分的臺灣爸媽，會給孩子零用錢。有的主動、定期給，有的孩子開口要才給，有的考滿分才給，有的有乖、表現好才給。只是，不管什麼情況下給，絕少數的爸媽，會再進一步教孩子：**怎樣運用這些錢？**

「憲哥，零用錢不就幾十塊幾百塊，孩子能買得能做的有限，這些錢哪能教什麼啊？」

別小看這幾十塊幾百塊，這小錢在孩子的世界，可能被看成全部財產。既然是財產，用途可多了，包括透過這些錢，培養孩子的「財商」。

「財商」就是理財商數（Financial Quotient，簡寫為FQ）。指個人投資理財能力，用來判斷對金錢的認識度及駕馭力。是在 IQ（智商）、EQ（情商）後，逐漸流行的新詞彙、新觀點。簡單的說，就是理財的智商。

　　人隨著年齡增加，用錢的場合也會增加。要是等到接觸誘惑變多、花錢機會變多，才想到培養財商，就有點來不及了。根據研究顯示，**在價值觀尚未形成，與消費習慣尚未穩定之前，正是財商教育的關鍵時期，尤其是指學齡前到國小畢業的階段。**

　　近年來，「財商」漸漸被重視，甚至，被不少專業人士視為「比智商還重要」的能力。畢竟，人盡追求大富大貴，然而智商的高度，不等於財富的高度，唯有過人的財商，才能在追求財富的路上，贏在起跑點。

　　有人重視，當然就會有人發現商機，開班授課。市面上，專為訓練財商的課程，如雨後春筍般紛紛出現，不論授課對象是誰，每堂課皆所費不貲。

　　其實，與其花錢讓孩子去上課，不如藉著發零用錢，創造機會讓孩子學習。在家裡，爸媽就是孩子的導師，自己就能替孩子上財商課。

「零用錢」就是孩子財商教育的第一課。

透過「零用錢」，爸媽能順利破解「不知從何教起」的窘境，並藉由每個使用零用錢的環節，培養孩子的用錢好習慣，趁機灌輸正確的用錢觀、導正不好的消費態度與模式，循序漸進地建立孩子的財商。

超過 80% 的孩子，天生不知錢可貴

「一樣米，養百樣人。」

若是要將社會上，各色各樣的人做一個分類，可以套用「20：60：20」比例原則，依程度分成三類。此原則算是世界通用，當然，用在孩子身上也講的過去。

假設每一個孩子都是站在相同的起點、擁有相同的資源，在沒有「外力」介入的情況下，這三種類型的人的發展卻是大相逕庭。所謂的「外力」，指的是後天的影響，諸如學習、管教、鼓勵、懲罰等，皆屬之。

「20：60：20」原則中的第一個「20」，指的是排名前 20% 的人。天生下來，就是當菁英分子的料。

這些人通常不需要爸媽跟在後面、提醒怎樣去做，就能自動自發，朝著目標努力前進。最後，多半能成為在社會上、職場上的頂尖人物。

　　好比我的大兒子，大概算前 20% 的孩子。從小學一年級開始領零用錢，一天固定領 10 元，一週能領到 70 元。但因為學校近，早餐中餐都吃家裡，他幾乎能存下全部的錢。一個月存上 200 ～ 250 元，輕而易舉。累積幾百元後，還要求換成百元鈔，主動拜託媽媽幫忙保管。

　　一陣子後，我便幫大兒子開一個帳戶，告訴他「這是專門存零用錢（包含壓歲錢）用的」。孩子的媽會定期協助他，把「剩下」的零用錢存進戶頭。大兒子也會一再檢查，存摺餘額是否增加，對他來說，這就是一種成就感。

　　「存錢」似乎是大兒子與生俱來的能力，完全不需要大人特別叮嚀。這樣的能力，讓我不需要多花心思在這一塊。等他長大、領薪水之後，對於我要求他每個月交出一部分的薪水來投資，也頗能認同。

　　正如「八二法則」的論點，如果說前 20% 是異於常人的菁英分子，剩下 80% 則是平凡無奇的普羅大眾。

普羅大眾中的前 60% 是「孺子可教也」。絕大部分的孩子屬於此類型：喜歡享福享樂，卻懶得付諸行動。要對抗如此本性，爸媽得經常耳提面命，威嚇與鼓勵齊下，恩威並施，讓孩子不至於變成後 20%。

至於，最後的 20%，雖然不到「朽木不可雕也」的程度，但從小若沒有用相對嚴苛嚴厲的方式管教，變成壞孩子壞大人的機率，就比其他 80% 高出許多。

每個孩子都有著不同的氣息。孔子說「有教無類」，也說「因材施教」，不管屬於哪一類都要教，而且要根據孩子表現出來的個性來教。

給零用錢前，先帶孩子練習 5 件事

我曾經遇過不少爸媽，從來不給孩子零用錢。

理由很簡單，就是大人不知道「怎麼給、何時給、給多少、怎麼防止他們亂花」……，深怕一個不小心，就會犯了給錢的大忌。尤其是一切都替孩子打理妥妥當當的家庭，更容易有「不給孩子零用錢」的情況。

在這些爸媽的觀念裡，孩子住在家裡、吃家裡、上下學有大人（或安親班）接送，除此之外，任何想吃想用想買的，只要合理，爸媽也會準備好。其他時間出門，也多半有大人跟在後面付錢。反正，需要用錢的時候，講一聲就有。孩子根本找不到用錢的時機。

看起來，孩子不能領零用錢，好像不是因為「孩子或零用錢出了什麼問題」，而是爸媽害怕「給了之後，有不良效果」的話，代誌就大條了。

「既然孩子不需要用錢，就沒必要給零用錢吧？」

我了解身為爸媽，擔心孩子亂買亂花，一旦買了危險物品、垃圾食物，零用錢就成了害人的媒介。

可是，孩子總會長大，不可能永遠待在爸媽的庇蔭之下，若從來沒有花錢的機會，很難體會到錢的可貴。不知錢的可貴，自然不懂去珍惜。

所以，**不妨在發零用錢前，先下點功夫，降低孩子「有零用錢後」的危機。**不過，可不是要爸媽曉以大義，講得頭頭是道，而是要藉由日常生活來進行練習。

練習機會不僅唾手可得，而且因為是在無壓狀態下指導，孩子吸收效果佳，連學齡前孩子都能明白。

練習1 買東西，帶孩子一起去

不管去菜市場，或去量販店採買，都請帶著孩子一起前往，讓他們見識見識「用錢」的場合與狀況外，也能知道家裡用的吃的都是用錢換來的。

練習2 訓練孩子加法減法的能力

很多小朋友在買完東西、結帳時，付了錢後，東西拿了就著走。這是因為他知道要付錢，卻還不太習慣等候店員「找錢」。在家時，不妨利用角色扮演（扮家家酒），來讓孩子熟悉購物流程，同時訓練加減能力。

練習3 簡單購物行程就請孩子代勞

例如，到巷口買早餐、到便利商店買鮮奶等，在商家距離不遠、金額不大、安全無虞的情境下，從單項到多項，循序漸進，讓孩子親身體驗「自己買東西」的過程。

練習4 合理的狀況下鼓勵孩子花錢

尚未給孩子零用錢前，試著偶爾發一些獎金，並鼓勵孩子合理的花掉。例如，生日的時候，挑選自己喜愛的玩具等。間接讓孩子知道「原來錢這麼好用」。

練習5 針對零用錢的用途約法三章

例如，不能買危險玩具、不能買垃圾食物、掉了不補發等，爸媽要與孩子一起討論，訂下親子雙方都能認同、願意配合的規則（包含違規時的處置）。爾後，在孩子零用錢的使用上，家長就更放心。

孩子抗議零用錢太少，爸媽應該加碼嗎

很奇怪，我的兩個兒子出自同個娘胎、幾乎在相同環境長大，比起來，大兒子因為是長孫，更集萬千寵愛於一身。怎麼反倒是小兒子，比較讓人頭痛。

對於給大小兒子的零用錢，我只能公平，但是對於教養，我必須依其個性，給予差別待遇。

小時候，小兒子拿錢就亂丟，常常早上給，下午就不見，也從不見他因此而緊張。即使大人告訴他「這是錢，要收好」，依舊如此。

過年領的紅包，通常看都不看、想都不想，就直接交給媽媽。這不代表他小小年紀就懂得孝順，而是他根本不了解「錢能幹嘛」，比起領壓歲錢，他大概寧願收到玩具。

不過，上了小學、過了懵懂階段，愈來愈懂錢的「好處」時，小兒子居然想要賺錢了。

　　讀小一時，小兒子比照大兒子，每天給10元當零用錢。只是，他幾乎每天都兩手空空回家，半毛不剩。原來下課逛福利社，逛著逛著就花掉了。

　　我跟孩子的媽抱持「零用錢就是孩子的錢」，雖然希望小兒子跟大兒子一樣存下來，但若他想花掉，我們也沒立場阻止。沒想到，不久後，小兒子居然跟我抗議。

　　他的抗議分成三階段，我的處理步驟，也是三階段。**孩子小，講道理的效果不彰，我盡量用簡單作（說）法，讓孩子明白「錢，不是你想要就有」。**

抗議1 「我的零用錢比同學少！」

　　小兒子說「10元太少，很多同學都20元」時——

　　我先傳達**「我們家就是每天10元，哥哥也是」**的既定規則，再釋出善意，把原本有上課才能領，改成天天領。孩子到了學校，開啟比較心態是正常的，但別因為比輸就加碼，否則胃口愈加愈大，一輩子加不完。

抗議2 「我買不起超過 10 元的東西！」

小兒子說「合作社 10 元東西就兩、三樣，每次都只有那些可以挑」時——

我先建議**「忍耐個一、兩天不要買，就能挑 20、30 元的東西了」**。再把日薪制改為週薪制，一次給足 70 元。一旦孩子可以自行配置的額度增加，他就會更願意去規劃零用錢的花法。

抗議3 「還是覺得不夠，我想加薪！」

當小兒子覺得抗議有點效果，竟得寸進尺。

身為爸爸不能打破原則，但我創造賺錢機會，讓他用洗碗、掃拖地、幫大人按摩等，增加額外收入。

達成一件任務，就給 10 元。唯有付出代價的報酬，孩子才會知道珍惜。

使用此方法要小心，過與不及都不好。

孩子很賊，就像開店、想盡辦法要賺錢的奸商。所以，
**先要約定「做到什麼程度才能領薪水」，絕不可讓孩子敷
衍了事**。一方面為發零用錢把關，一方面也在養成孩子正
確的工作態度。

03

零用錢是孩子的，要花要存爸媽都別管？

花錢存錢耐心教，
讓零用錢滾出大效益

「零用錢是給孩子的」這句話沒錯，但是，爸媽完全不管或過度嚴格地管，都不是太正確。既然是孩子的零用錢，就讓他擁有自由支配的權力。透過孩子支配零用錢的過程，爸媽可以趁機引導孩子理性的消費模式。

零用錢除了花，還可以存。存錢是痛苦的，因為必須克制花錢欲望。大人都難做到，何況是孩子？所以，爸媽要發揮耐心，慢慢培養。畢竟，「存錢」不難，只需「習慣就好」。

一旦養成習慣，孩子零用錢就愈累積愈多。只是放在大豬公、銀行（郵政）帳戶，效益很有限。爸媽不妨以定期定額的方式，用孩子的名義投資。時間一拉長，原本看似不太起眼的零用錢壓歲錢，搞不好變成孩子龐大的教育基金！

讓孩子實際體驗「他的零用錢支配權」

俗話說「公嬤疼大孫，爸母疼尾子」，現在的每個孩子，都被捧在手心裡疼。因為太疼了，孩子三不五時拿到零用錢是常有的現象。

隨著孩子年紀愈大，能拿到（或經手）的錢就愈多，平日領零用錢，歲末年終還能領壓歲錢，加一加，數字是很可觀的。這時，爸媽最好要有一些行動，讓這些錢不光只是買東西的媒介，而是能發揮更大的力量。

爸媽若專制規定「不管多少，統一繳庫」，即使再三保證「以後就會還」，恐怕也會讓這些錢失去教育意義。

當然，不是叫爸媽天不管、地不管，愛怎麼花，就隨孩子去。別以為錢花完，孩子就沒戲唱了。**小時候，花光也許摸摸鼻子認了，等到長大，花光自己的，搞不好會打起爸媽、手足的錢的主意。**

　　既然零用錢是給孩子的，金額也不大，進了「國庫」對家中經濟並無太大影響，不妨就乾脆點，讓孩子有自由支配的權力。**錢，能否好好支配，與消費習慣大有關係。**爸媽得花點力氣引導孩子，讓他養成好的消費習慣。

　　過去，我家的兩個兒子過生日的時候，我和老婆會帶他們到百貨公司挑禮物。

　　因為去的是大人挑選過的購物區域（如兒童玩具部門），已過濾掉危害健康的商品，因而禮物多少錢、是什麼，身為大人的我們，從來不干涉。不過，我只提供某個額度的贊助款（隨著年紀增加，從 200 元，最高曾加碼到 500 元），超過贊助金額的費用，孩子得用自己現有的零用錢支付。若買完有剩，贊助款就歸孩子所有。

　　當然，一定會遇到孩子，這個也要、那個也要，手上現金卻不足的情形。這對孩子來說，是一種天人交戰的折磨，恰是讓他計畫錢的用途最好的機會。

通常，我們會試著給孩子一些建議，像有些玩具同質性很高，告訴他「先挑一項最喜愛的買。回家繼續存錢，等明年生日，再來買另一個」。一邊引導孩子理性的消費方式，一邊激起他存錢的欲望。

最主要的目的，是想讓孩子了解「錢是有限的」。因此，每個人都要學會在有限的資源中、在想要與需要中，有所取捨。唯事情有先後緩急，懂得權衡事情的輕重，才能正確排列其先後順序。

記住，**為了不讓孩子感到權力受限，就算遇到「真的看不下去了」的情況，也要耐住性子，給孩子「建議」就好。**既然是「建議」，指的就是參考性質，孩子可以聽，也可以不聽。千萬不要因為孩子不把爸媽的話當一回事，而面子掛不住、嚥不下這口氣，把建議變質成命令。

「用錢獎勵孩子考100分」，行得通嗎？

　　很多不贊成的人，認為「當學生，用功、考100分理所當然」，那些任務，都是義務，給錢是多餘的，是在用錢誘惑他，如同變相的賄絡行為。不過，想單純一點，不就是「成績達標申請獎學金」嗎（很少有人反對獎學金的設置吧）？

　　正反兩方，都有支持者。而我則是贊成用錢獎勵的，也曾經用這種方式鼓勵我的兩個兒子。只是給多少錢要好好斟酌。畢竟，太多，爸媽壓力大；太少，就失去意義。

　　我建議，孩子獲得一科滿分，給「日薪」三～五倍的獎金剛剛好。例如，一天的零用錢10元，一科100分就給孩子30～50元當獎學金。

　　要是好幾代同堂的大家庭，記得先跟長輩說好，不然要是爸爸給50元、姑姑給50元、阿公再給50元、阿姨給50元、舅舅給50元、外公外婆再給50元，就超出太多了！

爸媽 3 助力，孩子存零用錢變習慣

俗話說：「花錢是徒弟，存錢是師傅。」

先撇開加減能力不說，「花錢買東西」這件事，通常不用大人特別教，孩子自然而然就會了。但說到存錢，可就不一定人人都有概念。

「食色，性也」，各種花費多半來自欲望作祟，花錢擁有自己想要的東西，是一件多麼快樂的事啊！吃喝玩樂，一滿口欲、物欲，套一句現在流行語，就叫「小確幸」，號稱對壓力具有療癒效果。但當一個人要透過花錢來舒緩身心靈，就會慢慢變成購物狂了。

大家都知道存錢很重要，但「知道」卻「做不到」，因為存錢必須克制欲望，會產生痛苦，如此違反人性的行為，當然做不到啊！別忘了，「不經一番寒徹骨，焉得梅花撲鼻香」，做不到也要努力做到。

漂亮的衣服、名牌包、名牌鞋、新型手機、……，好多想要，卻不見的要得起。為了滿足一、二項欲望，荷包就吃不消了。當衝動的購買欲望擁上心頭時，務必脫離現場，給自己三小時冷靜一下。

如此看來，連大人要克制欲望，都難如登天，要求孩子違反人性，豈不是難上加難啊？

的確，既定印象讓存錢聽在孩子的耳裡，既痛苦又殘酷，教養的難度向上攀升。可是，爸媽不能因為怕麻煩，就放棄隨風而去。存錢習慣從小就要培養，不然長大成人後，即使賺再多錢，還是留不住。

因為「你賺的一塊錢，不是你的一塊錢」，只有存下來的那一塊，才是真正屬於自己的。存不下來的錢，永遠只有進別人口袋的命運。

「存錢」是理財投資的第一步。存錢比起理財投資，相對單純，不需要特別技巧，只需「習慣就好」。

不分年齡與身分，人人都應該習慣存錢。

當孩子總能習慣性地存下一些零用錢時，長大後，成為月光族的機率就能大幅降低。爸媽可以趁著孩子還小、欲望不大、外在影響力低、消費習慣尚未定型前，利用以下三方法，來助孩子一臂之力。

助力 1 小錢存錢筒，大錢幫他開戶頭

除了幫孩子準備一個小錢桶（透明的小豬公最好，因為一旦錢的累積被看見，孩子存起來更有 fu），也建議幫孩子開戶。像我家兩個兒子，在小學一年級時，就擁有個人的銀行帳戶了。

鼓勵孩子每天（週）把剩下的零用錢投到小豬公，累積滿一隻之後，就幫他把錢存到銀行。壓歲錢、獎學金等較大筆款項，可以直接存入，當然要先跟孩子商量討論，不是用逼迫的。記住，讓孩子看或提醒孩子去看「帳戶餘額」的增加，加強他的成就感。

助力2 設定目標，加強孩子存錢意願

在沒有任何條件下，要孩子持續存錢這件事，很難成功，搞不好隨便一個小玩具，就會破壞這個計畫。

爸媽不妨為孩子設定目標，例如，存滿一隻小豬公，就能○○○（可以是孩子愛吃的食物、想去的地方）。藉由激勵，成功讓孩子把錢存下來。

助力3 滿額加碼，加快孩子存錢腳步

好比百貨公司週年慶的滿額贈活動，加快消費者的花錢速度，爸媽也能用存錢滿額加碼，加快孩子存錢腳步。

以我家孩子為例，小一時，零用錢每天 10 元，一個月最多能領 310 元，我就以「這個月如果存到 250 元，爸爸就加碼到 300 元」，利誘孩子多存一些。

這是為了讓孩子知道，在努力地達成一個目標後，便能得到更多的回饋，日後隨著目標愈來愈近，孩子也會自然產生期待感。

　　其實，社會上的商業行銷，有集點回饋、滿額回饋，而職場上達到業績有獎金、招待員工出國旅遊，都是為了勾起人們欲望、促進既定目標達成率的額外報酬。大人都需要獎勵做後盾，孩子又何嘗不是如此呢？

讓零用錢滾出教育基金的 4 種投資

其實，不只是錢，教養上的很多事情，爸媽都該先做好準備。網路與 3C 媒介普及之後，社會風俗變得不如以往單純，爸媽需要用更多的心、用不一樣的思考模式，才能應付相對早熟的孩子。

各位知道常吃的「荷蘭豆」是怎麼種的嗎？

荷蘭豆的莖是彎的，不會像大樹一樣，自然而然地向著天空長，而是稍不留神，就會失控爬滿地。

菜農為了使荷蘭豆長的漂亮、長往對的方向，會趁芽剛發的第三、四天，把新芽沿著直立的竹竿「繞三圈」，並且三天兩頭到園裡巡視，看看有沒有脫離「既定航道」、不願乖乖繞著竹竿長的小豆芽。如果發現了，就會趕緊重複地繞。直到豆芽乖乖攀著竹竿往上長。

　　在我出生的年代，兄弟姐妹七、八個很正常，爸爸為了養家，成天在外奔波賺錢，媽媽在家除了家務，還一次顧這麼多個，忙都忙翻了，哪來時間「繞三圈」。

　　於是，隨便養隨便大的一堆，全部放任在地上爬的也一堆。在那個時代，只要有個孩子，懂得自己找竹竿、沿竹竿爬，全家就會義無反顧、傾力相助，卯起來幫助他出人頭地，盼他能光宗耀祖。

　　時代不同了，現在生一個、兩個是常態，期待個個有成就也是常態，每個孩子都是寶、都要傾全力栽培，更是常態。所以，在孩子四歲前、未定型前，趁早幫孩子「繞三圈」，才會讓他朝正確的方向發展。

　　給孩子零用錢，並教他花、教他存，就是在幫孩子做「繞三圈」。如果一次繞三圈不成功，那就一圈繞完，走向穩定之後，再繞下一圈。爸媽只要趁早繞，慢慢繞，並耐心地調整，多繞幾次，方向就會對了。

當孩子愈長愈大，好習慣也養成了，把某部分零用錢存下來，就變得天經地義。錢愈存愈多，爸媽就可替孩子做些投資，讓小錢滾成大錢，積小錢而成大錢。這也是我希望爸媽替孩子開個人帳戶的原因。

一般來說，孩子需用到大錢的未來仍算遙遠，所以，在替他們的零用錢做理財投資時，把期限拉長無妨，讓時間攤平風險，尋求穩穩獲利不虧損最重要。

幫孩子把零用錢（含壓歲錢、獎學金）拿來投資，搭配毅力與複利，原本不起眼的小錢，也能有驚人效益。

待孩子到了需要大額教育費、生活費的大學階段，甚至是畢業之後想要創業、出國進修時，這些用零用錢滾出來的錢，恰好就能派上用場，適時減輕親子負擔。

要是爸媽能更早規劃，時間拉得夠長，搞不好不只教育基金準備好了，說不定連第一桶金都滾到了。總之，不管滾成哪種「金」，都是在替孩子的未來預做準備。

接下來要介紹的四種投資管道，都非常適合爸媽以定期定額的方式，幫孩子的零用錢做投資：

管道1 債券型基金

購買基金時，用孩子的名義開戶，爸媽則當監護人代為操作。以「定期定額」買入最安全的基金類型，賺取固定孳息，例如，「債券型基金」就是很不錯的商品。

一般債券投資，交易金額非常大，以臺灣為例，即有規定最低的購買價格為 100 萬，這種天價，恐怕讓很多人望之卻步。「債券型基金」的概念，便是每個投資人都出資部分，聚集資本以擴大投資，也就是說，一大群人各別出一些錢，共同買下一大盤的債券。

管道2 不動產投資信託（REIT）基金

「不動產投資信託（REIT）」的投資標的物為「不動產的投資工具」，也就是說，在向投資人集資之後，會把

資金投入房地產市場。不像購買實質房地產一般，一口氣必須拿出一大筆的錢，購買「不動產投資信託（REIT）」的門檻較低，很適合爸媽幫孩子投資。

此外，「不動產投資信託（REIT）」的最主要收入來源為「租金」，收益相對穩定，而信託亦須將絕大部分的盈餘作為派息用途。所以，「不動產投資信託（REIT）」的派息率，高於市面一般股票。

管道3 指數股票型基金（ETF）

「ETF」即 Exchange Traded Funds 的縮寫，簡稱為「指數股票型基金」。ETF 的概念，是將一籃子的股票組合予以證券化，是一種可以直接在證券交易所買賣（買賣方式與股票相同），透過證券化分割成眾多單價較低之投資單位（受益憑證），以便投資人買賣。例如，台灣50（0050）、高股息（0056）等，價格波動較低，又能固定賺其股息，適合長期投資。

管道4 股票定存（存股）

　　「股票定存」就是指以定期定額買進來存股票，長期下來的利潤，一定會比把錢定存在銀行的利息高出很多。此外，股票定存不須透過理專，能享受自己當基金經理人與操盤手的樂趣，亦能從中學習。

　　很多龍頭股，都是適合定存的高現金殖利率股，如在民國七十九年買進台塑（1301）10萬元，並存至今日（民國一○五年），每年的配股配息加一加，目前市價總值約316萬。也就是說，二十六年下來的報酬率為31.6倍。

04

「壞玩具」當教材，要孩子節儉不難？

節儉是財富起源，
微調習慣就可達成

小時候，家裡窮，但家庭教育給我的影響，卻是再多錢都買不到的。雖然沒錢買玩具，但是我從不會沒有玩具可玩，媽媽不會用沒錢當藉口，而是廢物利用、親手做玩具，這些免費的媽媽牌玩具，被我視若珍寶。

　　現代的社會經濟大有改善，很難體會過去的貧窮生活了。節儉的美德已不復見。不管收入如何，花起錢來都大方許多，卻不見得合宜。爸媽花錢不手軟，孩子自然有樣學樣。

　　最重要的是要知道：節省的原因，從來不是沒錢。古諺云，「由儉入奢易，由奢入儉難」，不管大人小孩、已婚未婚，省吃儉用絕對必要。想要孩子養成節儉美德，家長先要以身作則。一旦節儉變成習慣，就是財富的起源。

養成孩子節儉美德，爸媽是最大功臣

　　臺灣諺語說：「勤儉卡有底，浪費不成家」。英國諺語也說：**「勤勞是幸運的左手，節儉是幸運的右手，兩者都能致富」**。節儉可以說是一種自古至今、世代相傳、不分中外，人人都公認的美德。

　　不過，在《儉訓》中提到的「儉，美德也，而流俗顧薄之」，就是說「知道，不代表做到」，即使「節儉」已經被奉為美德，多數世俗之人仍不知實踐。生活日漸富裕的現在社會，情況更是嚴重。

　　我出生在嘉義山上。窮鄉僻壤資源很有限，加上生活困頓，為了餬口過日子，節省儉約不須刻意，大人省小孩跟著省，是再自然不過的事。小時家裡窮、父母打零工為生，有一餐沒一頓的。下雨天，是我最快樂的時光，因為媽媽不用出門工作，我可以整天膩在她身邊。

吃過中飯，媽媽準備點心，有時烤地瓜，有時煎麵粉餅（天主教會贈送的），雖然，只是在麵糊裡加點蔥花加點鹽，或加點糖，對我來說，已是無上美味。準備煎餅的過程，我也會幫忙，每次都忙亂得不可開交，滿手滿臉沾滿麵糊汁，但媽媽不但不生氣，還誇我是好幫手。

　　點心吃完了，我會要求媽媽陪我玩，外面下著大雨，母子倆只能玩「彈珠」。家裡當然沒有真的彈珠，但難不倒媽媽。每年中元節後，龍眼又大又甜，那時，媽媽會把吃完的龍眼子洗乾淨、收集起來，就成了彈珠，光這樣我們就玩得不亦樂乎。偶爾，爸爸也在家，總罵媽媽太寵我太溺愛我，可是媽媽總是護著我：「下雨天沒辦法出去，一個小孩子怪無聊的，我不陪他玩誰陪他玩。」

　　媽媽的巧手聞名鄉里，農忙之餘就砍竹子，編竹籃、洗衣籃、竹籮筐、竹畚斗、竹篩子，只是編竹製品有危險性，媽媽絕不讓我幫忙。但會利用下腳料，做竹蜻蜓、竹槍、風箏、吸管笛，來獎勵我不吵不鬧。

　　小學時，鉛筆寫到剩一小段，媽媽便截一段竹管，剖開尾巴，把鉛筆尾端塞入、用細繩綁緊，變成加長型「免削鉛筆」。媽媽還利用空閒，雕了顆「小干樂（陀螺）」送我。那時，我用一個餅乾盒，裝滿媽媽牌玩具。

　　夏天時，媽媽就採剪麻竹葉，晒乾後載到嘉義市區販賣，並留下一些待端午節當粽葉。秋天菅芒花盛開時，媽媽砍下菅芒花晒乾，編織掃帚出售，貼補家用。剩餘材料就編織小掃帚，要我負責客廳清潔，我自然是愈幫愈忙，但媽媽往往一邊善後，一邊誇我好「骨力（勤勞）」。

　　我的媽媽已經走三十幾年了。為人父母後，每每午夜夢迴，都不得不佩服不識字的媽媽，充分利用工作、遊戲、學習的機會，除了讓我感受滿滿母愛，鼓勵參與、身教言教、耳提面命、潛移默化，讓我從小就知道節儉持家、廢物利用、凡是能動手製作就不外買。家裡窮歸窮，但絕不向命運低頭，不怨天尤人、自暴自棄，愈挫愈勇。窮要窮的有志氣，窮要窮的有骨氣。

　　現代社會不一樣了，經濟環境明顯改善，雖不致大富大貴，也少有三餐不繼的狀況。加上喜愛享受、強調品質的幸福模式，人花起錢來變得大方，卻不見得合宜。

　　像是歲末年終，路邊大型家具回收站，放眼望去，一堆能用堪用，甚至八九成新的櫥櫃桌椅，都淪落到被遺棄的命運。家長丟，孩子跟著學。玩具不懂珍惜，壞了就想買新的，沒壞還是想買新的。

　　當然，沒有人天生下來，就懂「節儉」，畢竟，若非現實逼迫，任誰都想要過著舒適的日子。可是，誰能保證永遠都有享受的本事呢？

　　然而，「由儉入奢易，由奢入儉難」是絕對的，總是吃好用好穿好睡好，恐怕很快就寵壞孩子的胃口。萬一哪天物換星移，沒本事享受之際，想要恢復「簡單生活」，大人也許還可以忍一忍，已經定型的孩子想再調整回去，搞不好就真的「回不去了」。

要孩子養成節儉美德，家長先要當榜樣。孩子的可塑性高，受環境的影響很深很遠。美國知名演說家、丹尼米勒（Dannemiller, Scott）寫的《The Year Without a Purchase: One Family＇s Quest to Stop Shopping and Start Connecting》一書，正是一家之主帶頭做起、其他家人一起響應的「暫停消費」的挑戰。

　　丹尼米勒一家四口，共同挑戰「一年之內，不購買任何非消耗性商品」，除了生活必需品（如食物、汽油、沐浴用品）外，不能買新衣服、3C 產品、玩具、書、裝飾品。但可以花錢旅遊或體驗（如去動物園、遊樂園）。

　　對他們而言，執行一年下來，存多少錢是其次，藉由此挑戰，導正長期偏離的價值觀、從無限循環的購物陷阱中脫離，才是最大的收穫。丹尼米勒在書裡就提到，「一旦購物理念有了改變，才能買到真正具有價值的商品」。而且這個本來預計自二〇一三年起，為期一年的計畫，改變了丹尼米勒一家的習慣，至今仍持續進行著。

教孩子節儉，用「壞玩具」當教材

　　受訪時，丹尼米勒和太太皆認為「孩子的年紀」，是計畫能否成功的關鍵一環。若孩子已屆青少年階段，先別說成功了，能不能順利執行都會成問題。畢竟，網路、同儕、環境等外在影響，都是非常強大的阻礙。

　　慶幸的是，計畫開始當時，丹尼米勒的兒子七歲，女兒才五歲，是價值觀未定型，可塑性高的年紀。過程中，兒女雖曾要求「買東西」，卻因為願意參考爸媽的建議與做法，終究沒買成，也沒影響親子關係。

　　我想起，在小兒子兩、三歲左右，有次玩具玩著玩著就玩壞了。大兒子見狀，在一旁警告弟弟，說：「吼～你完蛋了啦，等一下就要被爸爸罵了。」

　　小兒子聽了不但不緊張，居然這樣回答：「又不會怎樣，叫爸爸再買就好了啊！」

雖然，當時小兒子年紀尚小，但這種回答還是讓我驚訝震撼。我思考著：這個孩子不只不懂得愛惜東西，還把爸爸當成提款機，持續下去怎麼可以……！

我認為，不是等到孩子「知道錢為何物」才教，畢竟等他知道「錢的好處」，爸媽大概已經很難招架了。

導正孩子對待「壞掉玩具」的態度，就能開始養成他惜物愛物的節儉性格，這對於日後的花用錢態度，肯定會有正面的幫助。當孩子的玩具壞了，可以因應不同的狀況與損壞程度，給予不同的機會教育；

狀況1 玩具能修則修，不要輕易買新的

玩具因玩久了自然損壞，家長可插手，能修則修，買個零件來換、找個替代性物品都可以。但要是因為搶來搶去、玩法不當、屢勸不聽等人為損壞，就讓孩子自己想辦法。無論如何，不要輕易買新的，建立孩子「除非買新的比較便宜，否則東西壞了要先想辦法修」的觀念。

狀況2 故意搞破壞的，一定要嚴厲制止

　　如果是孩子因為起床氣、發脾氣，故意（不小心）把玩具摔壞，家長絕對不能姑息。首先，要針對不愛惜物品（摔東西）進行處罰。三（多）代同堂的大家庭，要先跟長輩約定好，處罰過一半後再來當和事佬，不要一開始就制止，否則效果大打折扣，例如，爸爸要求孩子面壁思過十分鐘，爺爺在五分鐘之後，才可以救援。另外，散落一地的玩具殘骸，也請要求孩子自行善後。事後，一定要趁機教育「惜物愛物」的重要性，講一次二次小孩也許還霧煞煞，三次之後，他就能漸漸了解父母的苦心。

現在犧牲享受，以後才能享受犧牲

近年物價水漲船高，薪資卻走回頭路，30K 以下的小資族苦不堪言。偏偏薪水剛到手，又是學貸、卡債，又是保險、車貸，出外人還有房租（貸），再加上居高不下的生活費，錢根本還沒摸熱，就要拱手讓人。

「所剩無幾的薪水，難道不能享受人生嗎？」

「對，不能為了省錢，犧牲生活品質！」……

說到節儉，很多人像這樣舉手反對。於是，隨手一杯星巴克、跟團購湊折扣、唱 KTV 解憂愁，以致「月光光，心慌慌」，存第一桶金沒望，要成家、養小孩壓力更大！

「現在犧牲享受，以後才能享受犧牲。」**不管大人小孩、已婚未婚，省吃儉用絕對必要。節儉不只是美德，還是習慣，更是財富的起源。**

老把自己歸類在「因為沒錢，只好省一點」的位置，只會愈節儉愈苦悶。節省的原因，從來不是沒錢！

　　既然無論如何都非省不可，不妨把省錢當賺錢：

　　「原本要花掉的錢卻省下來了，真的賺到了。」

　　心態改變了，節儉反而成了樂趣。應該沒人在可以賺錢時，還滿臉愁容、心不甘情不願的 say no 吧？

　　要「賺錢」不算太難，至少比上班還輕鬆，只要微調不合乎身分（薪資收入）的生活，把某些食衣住行的模式改變一下，就能盡早脫離「月光族」的行列。讀者可以參考以下建議，挑戰看看每一個能賺錢的改變：

改變1 不買當季流行款、不因折扣免運湊件數

成功執行：一個月現賺 1,500 元 UP

　　衣物常在不知不覺中，就占掉極大的消費額度。

　　加上線上購物超級便利，沒時間逛、懶得出門、要顧小孩做家事的，只要動動手指，就能宅配到府。尤其，商家在省下實體店面的成本支出後，一年三六五天都用超值優惠來吸引消費者上門。

講求流行款，退燒不想穿，以致新的永遠買不完，自尋煩惱又浪費錢。與其如此，乾脆挑「基本款」，延長實穿性。至於，滿額折扣或免運「硬湊」的衣服，多半貨到就被打入冷宮，別為省小折扣、60 元運費，誤入商家拉高消費額的陷阱。買前先三思：必要、需要，還是想要。

逛街要小心店員甜言蜜語推銷，網購要小心滿額免運的行銷，堅定的意志，才能對抗購物陷阱。

改變2 租屋不選捷運旁、運動免上健身房

成功執行：一個月現賺 3,000 元 UP

離鄉背井打拚，租金加水電，逼近薪水三分之一。安全無虞的前提下，選擇交通稍不便處租屋，租金相對低廉。離捷運站從 500 公尺拉到 1,000 公尺，同一條捷運線則從市中心拉到終點站，用距離換取議價空間，租金省個 2,000 元不無可能。車站步行回住處，把走路當運動，再賺加入健身房的月費（至少 1000 元）。

改變3 想喝咖啡自己泡、手搖飲料少喝為妙

挑戰成功：一個月現賺 3,300 元 UP

　　早上一杯星巴克、中午一杯紅茶拿鐵，一天平均 150 元（多半超過），假設一個月上班 22 天，就有 3,300 元是喝掉的。有人說「喝慣很難戒」，那就改一週喝一次。有人說「不喝精神差」，那就買罐裝咖啡粉自己泡，價格降九成以上。至於，手搖飲含糖量高，現在花錢逞口腹欲，未來花錢修健康，怎麼算怎麼賠，上上策是少喝為妙。

換個方式喝咖啡，每年省下一個月薪水

	星巴克(120元/杯)	超商咖啡(45元/杯)	自己泡(5元/杯)
一天	－120元	－45元	－5元
一週（5天）	－600元	－225元	－25元
一月（4週）	－2400元	－900元	－100元
一年（12月）	－28800元	－10800元	－1200元

不喝星巴克改喝超商咖啡
每年現賺18,000元

不喝星巴克改喝自泡咖啡
每年現賺27,600元

改變4 首選大眾運輸、非工作需求不買車

挑戰成功：一個月現賺 10,000 元 UP

把買車錢拿來投資，效果有多驚人？就以「買車 vs. 投資」來比較。數字會說話，看數字更有 fu。

在臺灣，一輛車開 10 年，差不多該報廢了，一輩子開三輛車是合理估算。在不計其他費用情況下，買一輛國產車約 50 萬元。假設年報酬率 10%，人生第一輛車的 50 萬元，單筆投資 30 年，複利累計超過 870 萬元；第二輛車的 50 萬元，單筆投資 20 年，複利累計超過 336 萬元；第三輛車的 50 萬元，單筆投資 10 年，複利累計將近 130 萬元。省下來的車款，經過 30 年，竟成了上千萬的退休養老金。若是買進口車，累計金額還要乘以二。

除了車款，養車每月得支出 10,000 元以上，所以，車若非生財工具，就把車款拿去投資生財吧！都市交通便利，公車、捷運、Ubike 等都可利用。另外，加強時間觀念，早 10 分鐘出門，還能降低搭計程車的機會。

超級比一比：養車10年vs.投資10年

買車養車支出	買國產車		買進口車	
	購買金額	每年開銷	購買金額	每年開銷
	500,000	120,000	1,000,000	180,000
		（10,000/月）		（15,000/月）

如果把買（養）車的錢，拿來投資年獲利8%的商品				
投資金額	單筆投資(500,000)	定期定額(10,000/月)	單筆投資(1,000,000)	定期定額(15,000/月)
5年(獲利含本金)	734,664元	739,667元	1,469,328元	1,109,501元
	合計1,474,331元		合計2,578,829元	
10年(獲利含本金)	1,079,462元	1,841,657元	1,469,328元	1,109,501元
	合計2,921,119元		合計4,921,409元	

如果把買（養）車的錢，拿來投資年獲利5%的商品				
投資金額	單筆投資(500,000)	定期定額(10,000/月)	單筆投資(1,000,000)	定期定額(15,000/月)
5年(獲利含本金)	638,140元	682,894元	1,276,281元	1,024,342元
	合計1,321,034元		合計2,300,623元	
10年(獲利含本金)	814,447元	1,559,293元	1,628,894元	2,338,939元
	合計2,373,740元		合計3,967,833元	

05

物價高、薪水差，存不了錢合情合理？

富人公式儲蓄法，
解除「空錢包」危機

萬事起頭難，儲蓄的頭，難上加難。若有「容易失敗之事」排行榜，「儲蓄」絕對名列前茅。

　　錢花剩了，才想要儲蓄，是不可能存到錢的。也不要以為熱愛工作、不想退休，就不用儲蓄，因為景氣不佳時，不管鐵飯碗或鐵打的身體，都不一定有保障。

　　「儲蓄」是替未來要花的錢做準備。錢是只要活著，就會消耗的資源。哪天源頭沒了，日子可就難過了，為了不要實現窘況，才會說「寧要明天有隻雞，不要今天有個蛋」。

　　儲蓄的好，有錢人都知道。根據調查，超過八成五的有錢人，第一桶金都是靠「存」來的。不馬上開始儲蓄，說什麼都是白搭！

富人公式：收入－儲蓄＝支出

和富人公式相反的，就是「窮人想法：收入－支出＝儲蓄」。加減項的順序稍微變動了，結果大不同。

想變有錢，「開源節流」是亙古至今的金律。但是，目前的社會環境，想「開源」比較難，得等待機會、等待時間。要做到「節流」反而比較容易。

所謂「節流」，不代表生活水平要壓到最低，而是指找到一個符合自己收入的消費模式。例如，月入 100K 的人都不一定常喝星巴克，月入 22K 的何必湊熱鬧？

有次去高雄演講，開車來高鐵站接我的，是個年約二十五、六歲的女孩。一路上，我們閒話家常。當然三句不離本家，不免想關心一下年輕人的薪情如何。

她的月薪 28K，贏過不少小資族。加上住家裡（不必繳房租房貸），下班還能回家吃晚餐，省下不少開銷。

97

05 物價高、薪水差，存不了錢合情合理？
富人公式儲蓄法，解除「空錢包」危機

「一個月沒存 10,000 元，就太 low 囉！」我說。

「老師，您『呷米不知道米價』耶！一個月下來，根本沒剩多少，存得到 10,000 元才有鬼勒！」她反駁我。

但我卻認為，依她的狀況月月存 10,000 元，不只在南部，在北部也可能達成。不過，月光族多半喜歡以「物價高、薪水差」當藉口，順勢把「存不了錢」合理化。卻從沒想過在這種環境下，殺出重圍的也不在少數。

東花西花之後，花剩的才想儲蓄，是不對的。畢竟，錢太好花了，一不小心就會見底。「收入－支出＝儲蓄」的結果，往往導致透支的月份，永遠比有剩的月份多。想要脫離這個狀況，就要調整順序，牢記：

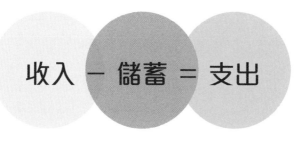

收入 － 儲蓄 ＝ 支出

　　這又被稱為「富人公式」，以此方法處理薪水，才能在避免透支之餘，還能確保每個月都有存錢。

　　有人說，「口袋裡的錢，不是你的錢，存下來的錢，才是你的」。很奇怪喔，大部分放在口袋裡的錢，都會咬人，一旦摸到了，就會想要花掉。所以，我建議開個「儲蓄專戶」，和薪轉戶做區別。

　　每月領了薪水，就馬上把要儲蓄（包含投資）的金額轉進儲蓄專戶。要是住在家裡，記得把「房租」一起存進去。別覺得住家裡，就多了一些錢可以花，而是要想：

　　「如果出外租房子，一個月 8,000 元跑不掉。既然這筆能夠省下來了，就不能花的不明不白」。

　　還有，「儲蓄專戶」最好不要申請提款卡。真的想要領錢的時候，就到臨櫃去領。

99

05 物價高、薪水寡，存不了錢合情合理？
富人公式儲蓄法，解除「空錢包」危機

「憲哥，這樣很不方便耶！這是您古早時代的方法吧！」我就是活在現代，才知道現代年輕人都怕麻煩。因為怕麻煩而不去領錢，就更好了。

「薪轉戶」裡剩下的錢，才是可以花的錢。不論是生活費、購物、交通、聚餐等，都要從這個戶頭支出。這樣一來，就算花光光，也不會透支。

不過，真正執行的人，在看到餘額愈來愈少，離發薪日卻還有一陣子時，就會知道要開始節制了。

雖然說，儲蓄不需壓榨自己、虐待自己，但也不能不盡全力，存下最多的錢。重要的是，不管能存多少，只要養成習慣、持之以恆，不任意動用這筆錢，時間一久，結果就會很不一樣。

儲蓄能避免「空錢包」引起的禍端

在猶太人的致富聖經《塔木德》書中提到：「煩惱、爭吵、空錢包」是害人匪淺的三樣東西。其中又以「空錢包」最嚇人，因為空錢包不只本身是個禍端，還是引起、強化煩惱與爭吵的因子。

為了不讓空空如也的錢包，變成滋生害蟲的溫床，最好馬上改變「錢夠花就不用儲蓄」的觀念。

很多人這樣認為：

「自己既肯吃苦願意做，又不肖想提早退休享清福，而且每個月都有固定的薪水進帳，少歸少，應付生活還算綽綽有餘，有儲蓄的必要嗎？」

千萬不要覺得「甘願做牛，就毋驚無犁通拖」，在大環境不景氣之下，實施「無薪假」比例愈來愈高，下一個會是誰，沒有人知道！

101

05 物價高、薪水差，存不了錢合情合理？
富人公式儲蓄法，解除「空錢包」危機

　　根據二○一五年勞動部統計資料，當年度十一月前實施無薪假的人數高達 5,437 人，是近三年以來新高點，其中不乏過去人人稱羨的科技新貴。而二○一六年年初，為因應郵政網路化，好幾間郵局可能關門大吉，搶破頭的鐵飯碗，其實也不一定保險。

　　並非不想退休，就能繼續賺錢繼續工作，有時候，環境與體力的逼迫，才是退休主因。所以，不管是鐵飯碗，還是鐵打的身體，都要未雨綢繆，替未來做準備。

　　「儲蓄」就是替未來要花的錢做準備。畢竟，人只要活著，就會一直消耗資源，錢算是一種重要資源。

　　不論是哪一種花費，把需要的錢攢（準備）起來等，最後沒用到、白忙一場；總比等到要用錢的時候，才開始籌錢，搞得焦頭爛額來的好。

　　只是未來又大又遠，要怎麼準備才好呢？不妨把未來可能要花的錢，分成以下兩類：

類型1 可以預見的未來（八九不離十會花到）

根據他人經驗或建議，可事先得知需用錢的時刻，並進行儲蓄規劃。例如，單身貴族有租金、學貸、保險費等支出；有穩定交往對象、打算要成家的，要存結婚基金；有計畫生小孩要存育兒金、教育金；另外，還有應付養老生活的退休金。以上都能透過事先規劃來儲蓄。

類型2 無可預見的未來（需要來的又急又快）

任誰都無法預料「意外與明天哪一個先到」，沒有事先準備（儲蓄），很難應付突如其來、又緩不得的大筆支出，像被診斷要做假牙時，總不可能跟醫生說「且慢」，存錢存個半年一年才做；或臨時失去工作能力或失業，少了薪水，卻依然要定期支付的開銷等。

103

物價高、薪水羞，存不了錢合情合理？
05 富人公式儲蓄法，解除「空錢包」危機

把握 4 撇步，避開儲蓄失敗排行榜

儲蓄的重要，有錢的人都知道。

俗話說：「小富由儉，大富由天」，根據統計，**超過八成五的有錢人，第一桶金是靠「存」來的**。也就是說，儲蓄是有錢的第一步。不開始儲蓄，一切都免談！

若有「容易失敗之事」的排行榜，「儲蓄」與「減肥」大概最有冠軍像。這兩件事很雷同，不只起頭難，前面的幾里路，多半也走地辛苦。就像已經習慣騎車的人，很難要求他馬上改用走的，但這並表示他不會走路，他只是還不習慣走，久了，習慣了，搞不好健步如飛。

時間，是執行「儲蓄」的嚴峻考驗。少了耐力與毅力做後盾，不論所用的方法多有效多神奇，都很難達成設定的目標。雖然，從起點到終點的路途不一定崎嶇，但是一定遠，看不見的終點直叫人舉白旗投降。

「憲哥，聽你說感覺有夠難，怎麼每天一打開 FB，還是有一大堆被轉載、按讚、值得參考的成功案例呢（還有很多人因此從素人變名人的）？」

很重要的一個原因，是「**儲蓄難歸難，執行門檻卻很低**」。技巧、背景都是其次，自己的態度才是成敗關鍵。想要順利儲蓄，先把握以下四撇步：

撇步 **1** 設定目標，激發儲蓄力

別替不儲蓄找藉口，但要替儲蓄找理由。為儲蓄而儲蓄，不是變成錢奴，就是被錢綁架。

找一個吸引自己的目標來支撐，對錢渴望才能獲得最大激發。設定目標不但能激發儲蓄力，還是讓人拚下去的超強動力。例如，遊學基金、結婚基金等，甚至和自己約定，存到一定金額後，可用 20% 支付出國旅費。

剛開始，目標不要定太高，免得達不到而喪失堅持下去的鬥志，容易半途而廢。

105

05 物價高、薪水薄，存不了錢合情合理？
富人公式儲蓄法，解除「空錢包」危機

撇步 2 合理壓力，強化可行性

不論任何事，過分的壓力會讓動力變質，直叫人想投降放棄。例如，月領 30K，卻想著 3 年存百萬。

為了增加儲蓄可行性，得審慎評估時程與額度，打造一個有壓力又不會喘不過氣的環境。

儲蓄像跑馬拉松，穩紮穩打、「剩」者為王。想成功完賽祕訣有四：起、承、轉、合。

起，開跑 5 公里內別衝快，先抓住步調。

承，通過 10 公里，也別急著加速。

轉，在 20 ～ 30 公里，疲憊開始湧現，要修正跑姿。

合，終點在前方，靠「決心」跑完。

投資理財也是如此，只要能到達終點，就是贏家。

撇步3 分段執行，成功比較近

例如，情侶把「存百萬結婚」計畫，分 3 年，一人負責 50 萬元，平均每月存下 13,800 元，加上利息，即可達標。對小資男女而言，是個不小金額，但二人共同努力，100 萬就不是那麼遙不可及。

更何況情侶或夫妻，若能攜手同心，負起責任，不只能達成任務，搞不好還會進度超前。未來面對任何困難，也能彼此扶持、迎刃而解。

所以，我建議把長期目標切成多個短期目標，如此一來，這個計畫就會更加平易近人。

107

物價高、薪水差，存不了錢合情合理？
05 富人公式儲蓄法，解除「空錢包」危機

撇步4 無痛模式，計畫才永續

　　存錢真的像減肥，拚死拚活可能後繼無力，好比用節食減肥，初期效果嚇嚇叫，痛苦指數卻向上累積，哪有可能堅持下去。切記，儲蓄是長時間的挑戰，唯有找到屬於自己的無痛模式，才能永久走下去。

06

親子購物都停看聽，忍耐才能理性消費？

教 CP 值、記帳防透支，
隔絕卡債族體質

過去，生活困苦、借錢不容易。向人借錢周轉，人家還會打聽看看身家與評價，要是有借不還，再借就很難了。說是負債累累，大不了就幾千塊。

　　現在不一樣了，借錢變方便了。信用卡愛申請幾張就幾張，「先刷卡、後繳費」成為習慣，繳不出來，就當銀行借你周轉。偶爾，電銷人員還主動打來，費盡口舌想把錢借出去。於是，要借個十萬、二十萬來花，一通電話，兩個簽名就到手了。等到一回神，身上揹的債務，上看百萬都有可能。

　　因為借錢容易，社會上身懷巨債的人很多。為了親子都能「無債一身輕」，不只大人要理性消費、不浪費，還要從小建立孩子「不透支」概念。

建立不透支觀念，長大不變卡債族

懂得節制的人，因為曉得自己幾斤幾兩重，一旦察覺事情超過負荷，就會收手。不懂節制的人，看到想要的想買的，總是不惜代價，導致透支機率大幅提升。

有些人的自我節制，是與生俱來的個性。像我的大兒子，從小就喜歡看書，對圖片豐富的童書或百科全書，更是愛不釋手。每到生日帶他到百貨公司挑禮物，買來買去都是書。挑選過程中，他也會拿了好多本書，但全然不需我費脣舌，結帳的永遠只會有一本，從不會因為想要多買幾本而「盧」大人。唯一要求，只希望多待一陣子，因為他想把沒買的那幾本看完，再回家。

這樣的人（尤其是孩子），畢竟少數。沒有經過後天的訓練（或教訓），多數人的孩子不懂發揮節制力。我的小兒子跟大兒子，簡直差了十萬八千里。

111

06 親子購物都停看聽，忍耐才能理性消費？
教 CP 值、記帳防透支，隔絕卡債族體質

小時候，小兒子若看到哥哥有好東西、他喜歡的，就想向哥哥買，而且很少在意貴或不貴，像原價 10 元的遊戲卡，竟可出價二倍三倍，就是非到手不可。

看在眼裡，我著實擔心：從小如此，長大還得了！

還好，小兒子向來沒有存錢習慣，我老早猜到，他肯定會來找大人周轉（預先領下週的零用錢）。一但有這種行為，「透支」的現象就出來了。**萬一借錢很簡單，就會借習慣；借錢變習慣，就會一借再借，寅吃卯糧，淪為怎麼借都借不完的循環。**

「憲哥，既然有這樣的顧慮，那是不是就不要借錢給孩子，不要讓他預支零用錢，就沒有問題了呢？」

爸媽能成功拒絕孩子當然最好。

但孩子為了達成目的，常會一直盧一直盧，而且他的記憶力很好，目的沒達成，絕不輕易忘記，爸媽是很難招架的。這時，就藉著「借錢」給點機會教育吧。

猶太人也是這樣教孩子；把錢借給孩子（像是要求預支零用錢）OK，但是要收利息。

不是叫爸媽靠利息賺錢，目的是趁機讓孩子知道：錢，並不是想要，就能無條件得到。任何事情不照規矩來，想提前達成，就得付出代價。「利息」就是借錢的代價。

以我家過去為例，一週零用錢是 70 元，小兒子非提早領不可時，我就扣他 10 元，並用他能懂的方式算給他聽：

「何必花 20 元跟哥哥買一張遊戲卡，20 元在書局能買到兩張！另外，堅持現在買（要借錢），不只零用錢少10 元，東西還貴 10 元，一來一回就差 20 元。這幾天先玩別的，等領零用錢再自己買，不是比較划算嗎？」

孩子畢竟是孩子，光談利息談代價講道理，他們很難明白。用孩子的語言開導，講不聽就多講幾次，講到根深柢固。最重要的是，讓他明白「用錢花錢時，不能做（答應）超越實際能力的事。借錢就代表超出自己的能力」。

113

親子購物都停看聽，忍耐才能理性消費？
06 教 CP 值、記帳防透支，隔絕卡債族體質

　　現代孩子的單純度，不如過去農業社會、工業社會，爸媽說的算。接觸外在環境機會變多，受影響的程度也變**大，若沒有把握時間，從小建立「不透支」觀念，就會養成沒錢就借（要）的壞習慣。**長大後，鐵定成為卡奴卡債族，或地下錢莊的客戶，操煩的永遠還是爸媽。

買東西前停看聽，CP 值比出物超所值

爸媽若要教孩子理性消費，自己就要先弄懂「想要」與「需要」的差別。

午餐時間到了，一個肚子餓的人，買個飯糰充飢、維持體力。很明顯的，這筆消費是「需要」的。再不吃東西的話，可能會因血糖低而頭暈，或影響身體機能運作。

換做一個剛吃飽的人，路過甜點店，看到排隊人龍，心想「不買對不起自己」，夾了幾個，趕緊結帳去。這筆消費就是「想要」（講難聽一點，不吃也不會怎樣）。

區分「想要」與「需要」，是從小就要灌輸的觀念。**務必明白告訴孩子，並確實執行：「需要」的爸媽買，「想要」的自己存錢買。**

同時，教孩子 CP 值概念，設法讓孩子了解：花出去的每一分錢，都要有價值。簡單來說，就是要物超所值。講理論孩子當然不懂，透過「比較」他才會明白。

115

06 親子購物部停聲聽，忍耐才能理性消費？
教 CP 值、記帳防透支，隔絕卡債族體質

　　我的小兒子很喜歡樂高玩具，每年只有在生日時，才有機會挑選樂高，作為自己的生日禮物。

　　可是，樂高的價格很貴，大盒的積木數量多，超過 3,000 元，小盒的積木數量少，只要 300 元。從來到樂高專櫃，到結帳購買前，小兒子始終猶豫不決。

　　一開口就要求孩子選便宜的，他肯定不願意。所以，我趁機「比」給他聽：

　　「大盒要 3000 元，組好是一個大玩具；改買三個小盒的，只要 900 元，東西比較小，但可以一次買到三種樣式，組成三個小玩具。雖然零件少，但你那麼聰明，一定能變出更多花樣，說不定更好玩……。」

　　透過建議、鼓勵、討論，慢慢來引導，而不是強制規定只能買什麼。起初幾次，小孩子會猶豫不決是正常的，貴的玩具會放下、再拿起來，一付依依不捨、可憐兮兮的模樣，看得既好笑又好氣。這時，爸媽萬萬急不得，更不能心軟，就假裝沒看到，用耐心慢慢磨。

　　尤其是在第一次，絕對不能讓孩子的計謀（想全部買或挑貴的買）得逞，否則現在的孩子很聰明，一旦第一次要求就上手，以後就會得寸進尺。

　　親子一同上街的經驗，就是最好的教育現場，這是引導孩子理性消費的好機會。一來，孩子看到爸媽花錢的態度、選擇商品的方向、比較價格的標準，潛移默化之下，他未來的消費模式也會被影響。

引導孩子的消費過程，就是
一種「財商」教育

117

親子購物都停看聽，忍耐才能理性消費？
06 教 CP 值、記帳防透支，隔絕卡債族體質

再者，當孩子東拿西拿、什麼都要時，心平氣和地帶著他思考與選擇，他就懂得過濾想買的，知道資源（錢）有限，所以應該克制物慾。

爸媽千萬不要因為害怕孩子在公共場所大吵大鬧，覺得丟人現眼，而自動把每一筆的消費，先行合理化。畢竟，有一就有二，**爸媽的妥協並不會讓孩子成長、懂事，只會讓他變本加厲。**

孩子通常會想要測試爸媽的底線，「一吵二哭三鬧」就是吃定大人不敢（會）在公共場所教訓他。

遇到這種狀況，爸媽要冷靜，克制即將爆發的火山，和顏悅色、好言勸說，但立場不能動搖。若再不聽，就視哭鬧程度，帶到樓梯間，或直接帶回家。最後，適度處罰是一定要的，爸媽可以分別扮演黑臉與白臉。

孩子一次沒得逞，攻擊火力就會變弱，甚至改以撒嬌來求情，畢竟，孩子察言觀色的潛能不輸大人。

　　很多想要的東西，往往成為浪費。會去吃到飽餐廳用餐，大概都飢腸轆轆，此時絕對有吃東西的需要，但很多人這個也點，那個也點，想要的太多，肚量卻有限，兩個小時過去，浪費的食物搞不好比吃下肚的還多。

　　套一句閩南俗諺說的「沒有那個屁股，就別吃那種瀉藥」，一旦「想要」與「需要」傻傻分不清楚、不懂得量力而為，失控消費，後果是很可怕的。

119

06 親子購物都停看聽，忍耐才能理性消費？
教 CP 值、記帳防透支，隔絕卡債族體質

記帳把握 3 眉角，控管支出有效果

　　隨著科技進度，記帳這件事變得容易許多。以前多用紙筆記，每個月結束，還要按計算機算結餘。現在用 EXCEL、智慧型手機 APP 等，不只加加減減變方便，還可以自動分類，支出收入、消費浪費，一目了然。

　　記帳，一方面是「秋後算帳」，查看某一個期間的花費，是否合乎常理；另一方面則是「借鏡」，祈禱未來的自己，不要再犯一樣的錯。

要求孩子記帳，其實沒什麼意義。

　　畢竟，孩子的消費模式很簡單，今天花 20 元買波蘿麵包，明天花 20 元買蔥花麵包，記來記去都是早餐錢。對孩子比較有意義的做法，是幫孩子申請一本存摺，一旦有較大筆的收入或支出，就讓他用鉛筆在空白處標記，像是存壓歲錢、獎學金等。

　　反之，**大人最好要記帳。方法正確的話，記三個月就能有明顯效果。**帳記對了，才能控管支出，避免消費變浪費。至於，記帳該怎麼記，才能記出好效果呢？

眉角**1** 流水帳 out，抓大概金額就有效果

　　記帳有時候很繁瑣，很難隨時買、隨時記，一般人多半是利用空檔、全天行程結束後才回想，若是每次都為了想起一塊兩塊用到哪兒去，反而徒增自己壓力，這件事就會變得更討人厭。所以，抓準大概的金額、利用發票及提款明細，記起帳來更有效率。

眉角**2** 光記不看沒意義，回頭檢視抓漏財

　　光是拚命記，記個一年二年，充其量只是累積一對無所謂的阿拉伯數字，對於「控管支出」並無實質幫助。要把記帳變得有意義，前提是回過頭看到自己的「浪費」，如此才能看見漏財的痕跡，堵住漏財的缺口。

121

親子購物都停聽聽，忍耐才能理性消費？
06 教 CP 值、記帳防透支，隔絕卡債族體質

眉角3 固定支出編預算，額外支出要記錄

　　每月（週）的食衣住行等固定支出，如保險費、通勤費、餐費等，本來就能設定金額的項目，就要事先編列預算。月底在結算時，才能針對超出預算的部分做檢討。至於，其他的非固定支出，如假日聚餐、下班後的朋友聚會等，更要分析必要性，標示出可以再省的，或根本不該花的，並於下個月就馬上修正。

07

總認為等有錢再說，小心把沒錢變習慣？

領幾 K 非重點，
複利威力讓小錢滾大錢

「窮忙族」是現在臺灣年輕人不得不被扣上的帽子。我想，多數讀者也不得不待在這個圈圈裡。不光是經濟不景氣、市場限縮、企業不賺錢，過剩的大學畢業生，恐怕都是造成此現象的重要因素。

二〇一五年，行政院主計總處統計，上班族月薪未達 30K 的比率高達四成（將近三百多萬人），其中每個月只領 22K 的人，不在少數。薪水停滯不前就罷，竟退回十幾年前水準。低薪陰霾揮之不去，以致生活綁手綁腳，亦考驗著成家立業、投資理財的勇氣。

於是，很多人寧可過著一到月底就在等薪水的生活，卻不願踏出投資理財第一步。一方面是恐懼，一方面變成一種習慣。

拔除心理障礙，別讓「沒有錢」變習慣

有個年輕的朋友去算命。

算命師看著他，語重心長地說：「我看你四十歲前，左手來、右手去，存不到一毛錢。」

年輕人接著問：「那四十歲以後呢？」

算命師說：「那時，你已經習慣這樣的生活了。」

一個人要是習慣貧窮，就不可能去改變。在他的觀念裡 ──「存不到錢是理所當然的」，反正，又不是生活過不下去，何苦花時間投資理財呢？

一旦這樣的想法根深柢固，便將落入所謂的宿命輪迴，變成「貧窮世襲」，永世不得翻身。

尼采說「痛苦的人，沒有悲觀的權利」。身為薪貧世代的讀著們，為了收入差強人意，而怨天尤人、罵政府、罵老闆，不如把這些時間與精神拿來改變。

　　除非安於現狀，除非希望永遠沒錢，除非不想往前邁進、不想向上一個階級，除非凡是聽憑命運安排，除非有把握一切壓力，都能概括承受。否則，別再用「收入少」當藉口了，認真理財吧！

　　投資理財要開始，第一步就是要拔除心理障礙，更新原有的 NG 態度：

破除 「自己沒有肉，怨人大屁股」的仇富心態

　　「他憑什麼創業啊，還不是靠爸一族！」當羨慕變忌妒，仇富心態就跟著產生，這是一個無形卻牢固的框架，讓人更難脫離窮人的行列。

　　在暢銷書《富爸爸，窮爸爸》中就提到，97％的人沒有富爸爸，只有窮爸爸。所以，何必管人家靠不靠爸、媽不媽寶，去在意那僅有的 3％呢？破除仇富眼界，才可能進入富人的行列。

相信 「你不理財，財不理你」的亙古定律

收入有限、存款不多、上有老下有小的小資族和小資爸媽，總以為理財是「等我有錢再說」的事，這尤其是一個非拔除不可的心理超大障礙。

起步比人晚、資本比人少，都是拉長時間就能解決的問題。什麼都不做的人，永遠都是零。雖然，零到一很困難，但要先有一，才能有之後的二、三、四……。

克服 「若有神仙好做，誰想做禽獸」的人性弱點

「消費少一點、享受少一點、賺錢多一點」的理財前提，有違人性，因為不論王宮貴族、販夫走卒，幾乎都好逸惡勞。既然如此，又何必為了出身不好、學歷不佳而自卑呢？畢竟，「懶惰、恐懼、貪婪」是沒有例外的人性弱點，能把這三項各降低一點點，未來就會不一樣。

不要忌妒別人如何，要相信自己也可以

我剛接演講活動時，每場講師費約5,000元，增加速度很慢。某次，意外得知有個講師的薪水，竟然是我的兩倍。不免心理不平衡：「某某某？我的專業並不輸他，他不過多個博士、碩士的光環，憑什麼多領我一倍的講師費。」

要是我持續忌妒心態，只會向下沉淪，陷入無法掙脫的困境。還好，我很快就改變觀念了，心想：「要是他能領這麼多，就代表我的講師費還有成長空間。有一天，我也能賺這麼多！」

我想，要是可以增加聽眾喜愛度，變成人人指定的搶手講師，那講師費肯定會水漲船高。於是，我除了專業，同時在演講魅力方面下工夫，嘗試把枯燥乏味的經濟學理論，用活潑、淺顯易懂的方式表達，甚至講到連不認識字的歐巴桑都懂。

直到現在，我的講師費已經超越大部分的分析師了。

所以，不要去嫉妒別人賺的比你多，更別去怨嘆出身、學歷不好。想當初，我剛從嘉義到臺北工作時，自卑的很，很多人笑我「國語不標準」。但是，三、四十年過去，我拚出小小知名度，別人的說法卻變成「國語很有親切感，因為臺味很重」。我講國語並沒有進步，只是旁人觀感改變了，什麼缺點都變成優點了！

複利威力超級大，小錢滾久變大錢

「『生吃都不夠了，哪還能晒乾呀！』理財對我們這種低薪族來說，太遙遠了啦！我只求三餐溫飽、不當個月光族，就阿彌陀佛了。」

身為「薪情歹歹」的小資族、小資爸媽，每月該花該扣該繳的，算一算剩個一、二千元就不錯了。

緊握餘額，什麼都不想，存在銀行裡的人很多，或等著一年安排一次出國旅行，或三不五時吃大餐犒賞自己。好不容易存下來的二萬三萬，很容易就歸零。然後，再度開啟這種模式，繼續循環再循環。

就算每個月只剩幾千元，持續累積，也可創造驚人數字。驚人數字來自正確投資理財後，滾動的複利威力。

「複利的威力，比原子彈還強大。」這句話是聰明到連腦袋都被偷去研究的愛因斯坦說的。

　　原子彈的威力幾乎無可匹敵。兩顆原子彈就讓二次世界大戰的強國日本無條件投降，其造成的生態汙染、心理傷害等，更從一九四五年延續至今，超過七十年。

　　「複利」能與之相提並論？百分之百無誤。這可不只愛因斯坦，連世界公認的股神巴菲特也認同。

　　巴菲特的「雪球理論」就是強調複利的威力。

　　把雪球滾大，有個必勝方程式 —— 先有「溼的雪」，再有「長的坡」。具黏性的溼雪，能將雪聚集成球。把成形的小雪球，放到坡上滾，持續滾，就能愈滾愈大顆。

　　坡上持續被雪球黏上的雪，就是「優質投資標的」。坡的長度，則是「時間」。當這兩個條件相遇之後，就是一股不容忽視的強大力量。

溼的雪（優質標的）＋ 長的坡（時間）＝ POWER！（複利）

當每個人的努力都是 1，1 就沒什麼看頭了。

若其中有個人願意犧牲一點、拚一點，達成 1.01 的目標，他與別人之間的距離，就會逐漸拉大。

經過一年，普通人的 1，還是 1；而 1.01 的人，則是 37.8。每天增加 0.01 的努力，看似微乎其微的 1％差距，短短一年竟相差 37.8 倍。往上提升與向下沉淪，只在一念之間，卻差之毫釐，失之超過千里。

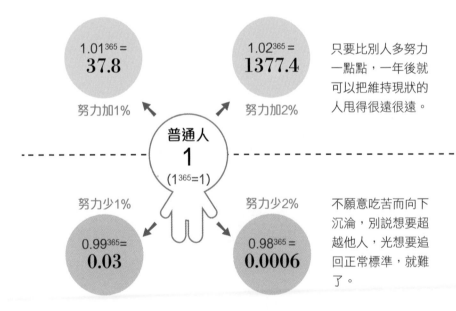

$1.01^{365} =$
37.8
努力加1%

$1.02^{365} =$
1377.4
努力加2%

只要比別人多努力一點點，一年後就可以把維持現狀的人甩得很遠很遠。

普通人
1
$(1^{365}=1)$

努力少1%
$0.99^{365} =$
0.03

努力少2%
$0.98^{365} =$
0.0006

不願意吃苦而向下沉淪，別說想要超越他人，光想要追回正常標準，就難了。

　　資產的累積也是如此。一百元、一千元是小錢，還是大錢，全來自於人的態度。覺得是小錢，就亂買亂花，其效益就僅止於吃喝玩樂罷了。覺得是大錢，珍惜著用，其效益就會無限放大。

　　若再能找到一個投資報酬率穩定的工具，透過複利的威力，讓小錢慢慢滾，持續滾，滾出第一桶金的夢，就不再如此遙不可及。

巴菲特給年輕人的投資鐵則：不要虧損 X 3

曾經有人問巴菲特，年輕人在投資道路上，非遵守不可的鐵則是什麼？巴菲特是這麼回答：

「有三個非遵守不可的規定。第一、不要虧錢，第二、遵守前一條規定，第三、遵守前兩條規定」。

也就是，不要虧錢，不要虧錢，不要虧錢（因為很重要，所以講三次嗎）。

乍聽到這看似有三個、其實都一樣的鐵則時，還覺得不可思議：「這是在開玩笑吧，被全世界人奉為股神的巴菲特，給年輕人的建議就這麼『簡單』？」

之後，我一直想一直想，巴菲特為什麼會把「不要虧損」列為絕對鐵則，他會這麼說，一定有他的道理，有他的依據，只是到底從何而來？

　　「頓悟原從漸悟來，花開全靠太陽晒。晒到火候足夠時，朵朵好花忽然開。」兩三年後，我突然了解了。

　　假設一個小資族好不容易省吃儉用，存到 10 萬元，但投資失利，不幸賠掉了 20%。因為看過坊間不少書籍，印象中「損失 20% 就要『停損』」，便趕緊停損（贖回）。只是，資本銳減剩 8 萬元。從 8 萬元要回到 10 萬元，賺 20%（1.6 萬）是不夠的，必須賺 25%（2 萬）才夠。

　　可見，一旦賠錢、資本就跟著變小，想要反敗為勝，難度只會更高。新手投資人若不遵循巴菲特鐵則，將會陷入「賺的永遠不夠賠」的泥沼中。直到有天覺得「當初的投資都是壞主意」時，就再也不投資了。

　　投資有賺有賠，巴菲特當然知道。他真正想告訴年輕人的是：**剛起步、沒有錢（資本有限）時，寧可保本，不要被套；寧可小賺，不要做沒把握的大生意。**

　　「不是說『江湖怕人老，愈老愈沒膽』嗎？」的確，我也常說「人一到中年，沒有冒險的本錢，卻有輸不起的壓力」。但我並不是叫年輕人要不顧一切往前衝。

　　年輕朋友們要知道，若薪水只有 25K、28K，那麼存下來的每一分錢，可能是縮衣節食來的，根本「沒有輸的本錢」，每一次的出手投資，都應慎重其事、深入研究，而不是自顧自地做著發財夢。

走穩走好，小資族的投資路不跌倒最好

投資理財就像爬樓梯一樣，要一階一階穩穩地走，不要想著一下子跨兩步、跨三步，容易跌倒。

小資族要從無到有，好比小朋友學走路。不可能不會爬，就要走。**從零開始的階段，是最脆弱的階段，要小心翼翼。**萬一踏出錯誤的第一步、第一步就跌倒了，後面就可能因為恐懼而裹足不前。

臺灣俗語用「未做衫先做領，未嫁尪先生子，未生子先號名」，還沒做衣服，就先做領子；還沒結婚，就先生孩子；還沒生孩子，就先取名字。是比喻人做事不按先後順序，做法違反了常情事理。又如孔夫子說的「欲速則不達」，所以，不要還不會爬，就想要走想要跑。

年輕人投資的起步，就該如此。**投資要有心，但是不能急躁，愈是想著一夜致富，愈是容易欠一屁股債。**

民國六十五年，我初入股市就大嘗甜頭。不到半年，我靠標會拿到的股本 4 萬 5,000 元，激增到 50 萬元，獲利超過十倍。心想，若十倍十倍賺下去，我很快就能晉升富人行列。甜美果實迷惑了我，二話不說，加碼再加碼。

我想著一步登天，可惜天不從我願。壓根沒想到，我以為的投資夢，不到一年就變成惡夢。不只 50 萬元全賠掉了，還欠債 20 多萬元。

屋漏偏逢連夜雨，公司知道我股票被斷頭，把本來在中南部當業務的我，調到淡水的工廠上班（擺明要叫我走路）。為了還債，我咬著牙待下去。可是，20 多萬元的債務，光靠不到 5,000 元月薪，不吃不喝三年也還不完啊。

於是，每天一睜開眼睛，我就打聽哪裡能賺錢。秉持這股衝勁，白天上班，晚上擺路邊攤，夏天假日還替人裝冷氣。每個月下來，賺到的外快都比我的上班薪水高了。最後，我只用了一年的時間，就還清債務。

因為曾經跌倒，我常說「跌倒不可恥，最可恥的是，未來每一次跌倒的時間、地點、姿勢都一樣」。

可是，我也知道，爬起來的過程太辛苦了。年輕人能不跌倒是最好的，途中的任何閃失，都可能讓人生失去信心。因此，我不吝用自身悲慘經驗，提醒年輕人。

立定目標很重要，給自己合理、充裕的時間來達標更重要。在這段時間裡，務必勇往直前、按部就班去努力。那麼，就會離目標愈來愈近。

存到第一桶金前的任何理財與投資，務必遵循巴菲特「不要虧錢」的鐵則。第一桶金是最艱難的，寧可多花幾年，把基礎打好，等擁有第一桶金，進可攻、退可守，存到下一桶金的時間與難度自然降低許多。

爸媽
投資入門篇

不想「錢途似緊」，
投資理財要趁早！

08

投資商品百百款，適合我的到底是哪一款？

量力而為很重要，
吃得下睡得著才是王道

隨著資訊進步，投資的管道也愈來愈多。上網一查，投資商品琳瑯滿目、層出不窮。怎麼挑、怎麼選、怎麼操作、怎麼賺錢，都要一百分的用心。

　　不過，各位要先有個心理準備。

　　研究投資方法，有時很像學術研究，即使已經沒日沒夜地讀、看、田野調查，總有遺珠之憾。畢竟，投資工具會隨著時代趨勢而推陳出新，既有的還沒摸透，新的可能又出現了。

　　好險，投資並不是懂得愈多、愈廣，就愈厲害。真正厲害的是，找到適合自己的工具，並為自己量身打造專屬的操作模式，替自己賺到錢（這才是重點）。因此，如何選擇，就變得格外重要。

「投資報酬率」與「風險」always 形影不離

有人說「性格決定一切」，這句話放諸投資領域也講得通。要挑選對的投資方法，除了資本的額度之外，投資人的個性也是一個重要的考量。

想要替自己挑到「適性」的投資法，首先得了解「投資報酬率」與「風險」的概念與關係。

概念1 什麼是投資報酬率？

「投資報酬率」就是投資之後的淨收益（賺到的錢）除以投資成本（一開始拿出來投資的錢）的百分比。原則上，相同時間與資本，賺的錢愈多，投資報酬率愈高。

例如，A 用 100 元來投資（成本），一個月後，連本帶利取回 101 元（賺了 1 元），那 A 的投資報酬率就是 1%。若 B 同樣也拿了 100 元做投資，一個月後，賺到 5 元，那 B 的投資報酬率就是 5%。

假設時間與資金成本完全相同，選擇投資報酬率愈高的工具，就一定可以賺到較多的錢嗎？

話是這樣說，但是，這樣的假設要在「沒有意外」的狀況下，才有可能順利發生。

畢竟，天有不測風雲，人有旦夕禍福。過程中，突然到訪的意外，就是投資學裡講的「風險」。

概念2 什麼是風險？

「風險」是一個相對於投資報酬率的概念。

以基金投資為例。中華民國銀行公會即針對基金價格的波動程度，依基金投資標的風險屬性，與投資地區市場風險狀況，由低而高編制五個風險收益等級：RR1、RR2、RR3、RR4、RR5，以供投資人做參考。

電視廣告中，亦不斷提醒投資人 ——「投資一定有風險，○○投資『有賺有賠』，申購前……」，其中的「有賺有賠」，就明確告知「投資報酬率與風險形影不離」。

簡單來說，賺的錢來自「投資報酬率」，賠的錢則來自「風險」。這兩者是並存的。通常，**投資報酬率愈高，風險愈大；投資報酬率愈低，風險愈小。**

未來的二十年，工業 4.0 的浪潮將席捲全球，現有的許多工作，恐怕將會被機器人一一取代，經濟大環境亦面臨劇烈改變。隨著科技發展，價格便宜的機器人，與先進的人工智慧，對受薪階級造成莫大威脅。

不少專家甚至認為，這一波的工業進化，不再只是以付出勞力為主的藍領階級受害了，連坐辦公室、具有絕對專業能力的白領階級，例如，銀行櫃員、房仲經紀人、律師、記者、會計師等，都可能遭受淘汰命運。

未來的法庭上，可能會有「律師機器人」在替人辯護

　　為了撐起因人力不重用、工作被取代後的生活，不少受薪階級的讀者，應該也幻想：那就趕緊找個「高報酬，低風險」的投資工具來賺錢，好為失業做準備！

　　一方面希望辛苦賺的錢，不要血本無歸，一方面期待錢一直滾，多滾一分一毫都好，就是別人間蒸發。

　　不過，幻想就像是做白日夢，有實現的可能嗎？

　　有，但機率根本微乎其微。也就是說，**很難找到一個報酬率超高，風險卻幾近零的投資工具。**

　　投資市場有很多類似的例子，像是有避險基金或套利基金之稱的「對沖基金」。雖標榜採對沖交易手段，如賣空、互換交易、現貨與期貨的對沖、基礎證券與衍生證券的對沖等方式，以避免或降低投資時的風險。

　　但期待避險的結果，往往事與願違。

　　一九九八年，金融市場的矚目大事之一，就是對沖基金「長期資本管理公司」倒閉。

這個有諾貝爾獎得主坐鎮的基金，運用高深的數學模式計算債券價格，尋找套利機會，卻因突如其來的俄國債務危機而全軍覆沒，還連累信貸市場陷於停頓。

另外，在二○○八年、金融危機爆發之時，光短短一個季度，倒閉、清算的對沖基金數量，竟高達 257 家。

由此可見，**投資商品標榜的「零風險，賺大錢」，若不是天方夜譚，大概就是詐騙集團了。**

工業進化論與人力淘汰危機

自蒸汽機問世之後，工業革命正式啟動。隨著技術進步，工業生產亦是逐步進化，而且升級的時間愈縮愈短，每一次的進化都取代了部分的勞力工作者，以致人力需求量日趨降低。

進化階段	主要趨勢
工業1.0 (1770～1830)	蒸氣機問世。取代過去大量勞力為主的模式
工業2.0 (1870～1914)	電力出現。電動機取代部分人力，效率提高
工業3.0 (1950～2000)	電腦加入。自動化產線當道，降低人為失誤
工業4.0 (2015～2035)	打造智能工廠。虛實整合科技的大數據時代

第一桶金未到手，別急著投入高報酬商品中

避開投資風險的方式有很多，可能來自專業，可能來自經驗，可能來自運氣，也可能來自壓低投資報酬率。專業靠充實內在，經驗靠實際操作，運氣靠上天保佑，壓低投資報酬率則靠克制欲望。

不管如何，不可能完全規避風險，只能盡量「趨吉避凶」。把風險降到最低，把報酬率拉到最大。

不過，第一桶金尚未到手之前，先別急著投入高投資報酬率的商品之中。遵循巴菲特的投資鐵則：不要虧錢、不要虧錢、不要虧錢，才是比較適當的做法。

在累積第一桶金的階段，將投資報酬率設定在 5 ～ 10%最為恰當。不過「人不冒險，枉度一生」，只要確定這個險是「即使真的發生，也能承受的起」，在不會影響生活品質的前提之下，偶爾冒個險又何妨呢？

有時，不敢冒險，反而是最大的風險。

　　對於剛起步剛接觸的小資男女、小資情侶、小資家庭來說，「投資」只能是一個副業。既然是副業，就不能占用太多的收入，及太多的時間。

　　這時的你（們）要先有一個穩定的工作，不管 22K、25K、28K、30K 都沒關係，因為這只是溫飽的必要條件。平常省吃儉用後省下來的，才將成為改變生活的資本。

　　投資是為了幫助自己，在成長幅度極度有限的死薪水之下，獲得額外收入，增加資金活水。一旦沉迷其中，影響正常工作，反而本末倒置。

　　記住，行有餘力再投資，才是正確的態度。

「吃得下，睡得著」才算符合個性的投資法

能承受多大的風險，端看人的能耐與性格。

同樣的投資方法、投資模式、投資頻率，看在不同個性的人眼裡，感覺依然差很大！

如何才能算是一個好的投資方法呢？首要條件當然是要「符合自己的個性」。

試想，要一個生性保守的人去冒險，即使告訴他防護措施多安全、結果多美妙，他不免還是成天提心吊膽。這樣一來，冒這個險一點意義都沒有，與其如此，不如找個適合自己個性、可以安心以對的投資方式。

我認為，**在為自己選擇投資工具時，先要把握一個絕對原則 ——「吃得下，睡得著」**。這樣一來，人的生活品質、工作狀況、日常作息，甚至，身體健康、人際情感等，才不至於因為後續的或賺或賠，而受到影響。

　　要是為了投資，吃不好又睡不著，整顆心跟著市場七上八下、起起伏伏，長久下來，不要說日子會過得不正常，精神也會被擾亂，搞不好還會影響到工作。

　　除了人的個性，對於金錢的觀念與投資的知識，也會反應在風險承受的程度上。依風險承受度低至高排列，分別為保守型、穩健型、積極型：

風格1 保守型個性

　　保守型的投資人連 1% 的風險都嫌多，多半寧可把風險縮到最小、時間拉長，用較低的報酬率，慢慢累積。

風格2 穩健型個性

　　介於保守型與積極型間，雖期待靠投資賺錢，但會透過投資組合方式，在波動不太大的情形下，穩定獲利。

風格3 積極型個性

　　通常不怕風險，很敢拚很敢衝，認為「頂多就是賠光而已」，喜歡選擇報酬率較高、風險也高的投資工具。

不管是屬於積極型、穩健型，還是保守型，千萬要記住「量力而為」。有多少的力量，就扛多少的重物。不然的話，會輸得很慘。輸掉金錢是其次，輸掉工作、朋友、家人，甚至信心、勇氣，就得不償失了。

從「生活習慣」判斷投資風格

從生活習慣（如消費、飲食等），就能大致判斷自己的「風險承受度」，並找到適合個性的投資工具，有效設定目標報酬率。

	生活習慣	風險承受程度	建議的投資商品	目標報酬率
保守型	消費與飲食習慣固定，一成不變	低	電信類股、債券型基金REIT（不動產投資信託基金）、定存、ETF	1～5%
穩健型	消費與飲食習慣穩中求變，精益求精	中	中型股、大型股、ETF、球收益型基金	5～15%
積極型	消費與飲食習慣追逐潮流，熱愛新穎	高	小型股、新興股、衍伸性金融商品（期貨、選擇權、權證……）	15%以上

09

變形保單當投資，簽約就是負債的開始？

投資型保單陷阱大，
讓保險回歸單純保障

「臺灣人真的很愛買保險。」這不是天外飛來一筆，根據保險事業發展中心二〇一四年調查，平均每個臺灣人擁有二張以上的保單。

　　其中，最可怕的是「人情保單」。因為保單種類多，懶散是人性弱點，很少人願意從頭到尾搞懂再買。保險業務員各個妙語如珠、天花亂墜，聽了總覺得：「對啦，就是少這一張」，要是又碰上至親好友的推薦（銷），大概就不疑有他、簽名畫押了。

　　「保單用時方恨少」的心態，讓很多人手握一疊保單，繳著幾乎是拚命擠出來的保費，卻不曉得自己到底買了哪一些保障。等到有所需求，才驚覺「根本不是原本說的那樣」，冤枉繳交高額保費，得到的卻是低到不行的保障，或保險公司拒絕理賠的結果。

買保險守「雙10定律」，夠用好用才是重點

　　天有不測風雲，人有旦夕禍福，意外與明天哪一個比較早來，任誰都難以預料。

　　保險最重要的功能是「未雨綢繆」，保險最高的目的則是 —— **當風險發生、損失產生時，保險能發揮作用，把對人（自己、家人等）的傷害降到最低，完全填補財務缺口，讓被保險人無後顧之憂。**

　　話雖如此，並不代表買保險愈多愈好。若為了防止未來的風險，而購買超出能力負荷的保險商品，可能不知道等不等得到未來，當下就扛到氣喘吁吁了。

　　用個簡單的概念來說明。

　　一個人為了遮陽避雨，到街上去選購雨傘，各式各樣的傘款任君挑選。這個人要是家財萬貫，買貴買多買錯都無妨。要是資金有限，務必記住一個原則 —— 「夠用好用就好」。

超過八成的人，難以拒絕人情保單

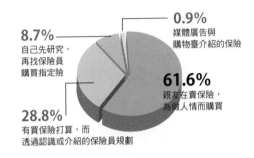

1　第一張保單是什麼情況下購買的？

0.9%
媒體廣告與購物臺介紹的保險

8.7%
自己先研究，再找保險員購買指定險

61.6%
親友在賣保險，為做人情而購買

28.8%
有買保險打算，而透過認識或介紹的保險員規劃

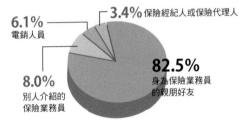

2　最無法拒絕哪一種保險業務員的推銷？

6.1%
電銷人員

3.4% 保險經紀人或保險代理人

8.0%
別人介紹的保險業務員

82.5%
身為保險業務員的親朋好友

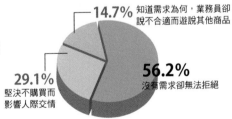

3　面對人情保單時，哪種情況最令人困擾？

14.7% 知道需求為何，業務員卻說不合適而遊說其他商品

29.1%
堅決不購買而影響人際交情

56.2%
沒有需求卻無法拒絕

（資料來源：YAHOO! 奇摩理財）

　　保險，終究算是一種消費（不是投資），既然是消費，就該量入為出。資金有限的小資族，不只要慎選保障範圍，還要考量保險期限、保費與保額多寡。

　　我建議，**小資族保費總額最好控制在薪資 10%內、保額則設定約年收入 10 倍**。遵守保險「雙 10 定律」，別為了超額保費而影響生活與投資。

量身選擇保單，讓保障發揮最大作用

說起來，保險是個很糾結掙扎的事。

一方面不想保費有去無回，一方面又不想用到。若非必要狀況（發生事情），寧願保費「石沉大海」，誰也不想有「需要請領」的時候。

保險不只是以備不時之需，還像菩薩顯靈。

繳納的每一筆保費，就像把錢投進功德箱一般，希望到了關鍵時刻，觀世音菩薩能夠顯靈保佑，好讓自己或家人脫離災難。可是，一方面肯定也期待著，最好一輩子都不需要用到這些錢，功德款就當捐給菩薩。

然而，菩薩那麼多，功德箱也處處有，真的沒有必要尊尊都拜、箱箱都投。總是聽到什麼保什麼、為了情分就簽名再說的保險法，得承受保費增加的壓力。不過，並不代表保障就能跟著加分。

　　**買保險的最終目標，是事情發生當下「解決問題」，
尤其是錢的問題。**例如，家庭支柱突然病倒，保險能發揮
作用，讓家計不至於雪上加霜。

　　想要達成目標，前提是要「保對險」。

　　根據身分、責任、年齡、收入、職業等條件，來選擇
適合、足夠的保單，並了解契約條文與保障範圍，才能避
免成為保險業務員口中的肥羊。

保額保多少，要看對家中經濟的貢獻多少

難道，家中的每一份子，都需要一張保單嗎？或為了達到人人平等，而皆有相同保額的保障呢？

其實，既然保險最希望解決的是「錢的問題」，就應該從家庭經濟的角度，來做購買保險的配置。

首先，家裡的經濟支柱，一定要買保險。如果是爸爸出門工作的話，那保額就多買一些，相反的，出外工作的角色換成媽媽，做法也相同。若是雙薪家庭、夫妻都外出工作，看誰的薪水高，誰就提高保額。

這是由於保險的理賠金額，就是要補足家庭失去經濟支柱時的風險。正如「雙 10 定律」，保額設定在年收入的 10 倍左右，恰巧是能解決家中至少十年的經濟來源。

記住，真正的保險並不是為了給自己（被保人）保障而購買，是因為擔心自己「死的太早、責任未了」，為了留下來的人（受益人）才買的。

新手爸媽先別急著替孩子買保險，應該要知道「爸媽才是寶貝們的保險公司」，並先行檢視自己的保障是否已經足夠了。如果保障不足，要先替自己補強。

相較之下，孩子的保險其實沒有那麼重要。因為孩子不可能是家中經濟來源，幫他們買了一大堆保險，才是本末倒置、得不償失的作法。

目前較常見的保險，大概分意外險、壽險、醫療險、癌症險等四種。以下針對各類保險稍作說明。

類型1 意外險（通常屬「意外」造成就會賠）

不論「意外殘廢」或「意外死亡」都會理賠。意外險的正式名稱為「傷害保險」。當被保人在保單有效期內，因「意外傷害事故」，造成殘廢或死亡時，保險公司就必須依約給付「殘廢保險金」或「身故保險金」（或「喪葬費用保險金」）。

所謂的「意外傷害事故」，指的是外來、突發、非由疾病所引起的事故。

若意外險的保單，附加有「傷害醫療」保險時，在遇到「意外傷害事故」後，就醫接受治療或住院，還可以一併向保險公司申請給付「傷害醫療保險金」（亦分為「日額型」與「實支實付型」）。

類型2 壽險（通常死亡或重大殘廢就會賠）

不論是生病或意外造成的，只要身故（死亡），壽險就會給予理賠。其中，有一項特例是「在保險公司的定義裡，『全殘』即為身故」，因此，並不見得是人死了，才有錢可拿，當被保人全殘時（如雙眼失明、失去咀嚼或言語能力等狀況），也可領到壽險的理賠。

也就是說，壽險最後的目的，可能是用來照顧自己的錢。若上有父母、下有子女嗷嗷待哺，就得盡早規劃。壽險對生者來說，就是一場及時雨。

類型3 醫療險（生病或意外住院會得到理賠）

醫療險又可以分為「日額型」與「實支實付型」。日額型指的是「住院一天，就理賠某金額」，例如，買一個單位的日額型醫療險，住院一天可獲理賠 1,000 元，人可視財務許可，再決定購買幾個單位。

舉例來說，某人有實支實付型醫療險，在一次開刀的手術時，花了 10,000 元醫療費用，只要是在契約的上限理賠範圍內，就能憑收據實支實付，也就是說，這 10,000 元的醫療費用，由保險公司替被保險人出。

不論是「日額型」或「實支實付型」醫療險，都不是買愈多愈好，保障等級必須分開思考，有需要才買。

類型4 防癌險（針對疾病的特別保險）

這是當被保險人，得了癌症，才會理賠。契約內容有一發現罹病就理賠一筆金額，或隨著之後的醫療過程，因癌症而開刀、住院、身故等，也會理賠。

舉例說明，就知道保險並非保得愈多，領得愈多了。

假設「被保險人」王小明，投保 A 意外險、B 壽險、C 醫療險，並搭配 D 防癌險。

> 狀況一，王小明由於意外事故，當場死亡。

那麼，保單上的保險受益人，即可得到 A 意外險及 B 壽險的理賠金額。因為無任何醫療行為，故 C 醫療險、D 防癌險不賠。

> 狀況二，王小明由於一般疾病住院後死亡。

那麼，保單上的保險受益人，只能拿到 B 壽險、C 醫療險的理賠。因為生病死亡，並不是意外或癌症所造成的，故 A 意外險、D 防癌險不賠。

> 狀況三，王小明由於癌症住院後死亡。

那麼，保單上的保險受益人，會有 B 壽險、C 醫療險、D 防癌險理賠。癌症死亡不屬意外，故 A 意外險不賠。

投資型保單的投資，從「負債」開始

即使近幾年「變型保單」紛紛推出，我依舊要強調一個觀念 ──「保險歸保險，儲蓄歸儲蓄，投資歸投資」。千萬別用賺錢的心態來買保險。

標榜能賺錢的保單，最後賺到錢的，永遠是保險業者。 如果你是手頭寬裕、不缺錢的保戶，讓人多賺無妨。要是收入有限、要養家、養自己、養小孩的小資男女、小資爸媽，還是建議「保險單純化」。

不論是投資型保單、儲蓄型保單、萬能變額保單等，只要名為「保單」，都有附加保險之功能。也就是說，保戶繳納的保費，非全部都用來投資。

看準客戶對沒錢的恐慌感、對投資不解的無力感，保險業務便趁隙而入，把這類型的保單講得跟神一樣：

「不只是保險，還可以投資，讓錢滾錢！」

「這是強迫儲蓄，還有保險功能，可說一舉兩得。」

「現在已經進入低利率時代，這類保單的利率比銀行定存高太多了，可以說是買到賺到！」……

盡說些令人心動的話術，卻刻意隱瞞、不提醒保戶，包括前置費用、保管費等，總計高達保費 150％，這些錢不會被用來投資，而是全進了保險公司及業務員的口袋。

以月繳 5,000 元、六年期的投資型保單為例，每年的費用為 60,000 元。若所繳費用 150％（90,000 元）得用來買保險、繳額外費用（不能拿來投資），等於第一年繳的錢，還不夠付給保險業者。

少部分投資型保單，雖把第一年前置費用降至 60％，能投資金額依然有限（僅 40％），報酬率一定不佳，恐怕要到第二、三年以後，投資比率才會緩慢增加。

所以，**投資型保單的投資，是從「負債」開始。**

輸在起跑點的投資，別說想要賺錢了，能夠「保本」就不錯了。一旦遇上生活開銷增加、失業轉職等狀況，而繳不出保費，不得不中止契約（可能得繳納違約金或其他額外費用），就真的只剩賠錢的份了。

「憲哥，若能堅持到底、繳滿前不解約，是不是就萬事 OK 了？」或許有讀者會這樣問我。

有這樣的志氣，當然好啊。可是，換個方式思考，既然都有把握每月能拿出 5,000 元繳保費，且持續六年不間斷，倒不如自己的錢自己賺，把 150％留著當資本。就算突然需要用錢或收入短缺，也不必承擔虧損風險。

10

定存並非零風險，微薄利息是美麗謊言？

用「進擊的定存」
擺脫負利率時代的危機

二〇〇〇年前，臺灣正處高利率時代，「定存」是穩穩賺錢的投資方式。長一輩的人對定存更是讚賞有加，不但固定獲利（定存利率），還能強迫儲蓄，根本一舉兩得。於是，把大部分收入放進定存。

　　但是，相同模式到今日是行不通的。愈來愈低的定存利率，已不敵物價攀升的速度，看似保本的定存，五年十年過去，錢只會縮水、愈存愈薄。

　　以 100 萬為例，在三十年前可以買房，現在恐怕連一個汽車停車位都買不到。所以，堅持把定存當投資，可能得承擔更可怕的後果。

　　小資族賺錢不易，追求穩定是人之常情。為此，我會介紹兩種如定存般穩定，又能與可怕的通貨膨脹抗衡的投資方法。

隱形的通膨風險，讓定存的錢愈滾愈薄

有人認為，既然連巴菲特都說，「投資的最高原則就是『不要虧錢』」，那乾脆把錢全往定存裡擺，投資報酬率（利率）雖低，但至少一點一點地賺，不會虧本！

即使是現在的定存利率，已經低到不能再低（二〇一六年臺灣銀行的定存利率為 1.205%），也寧可把錢放在戶頭裡滾，只要定存利息比活期儲蓄高，就心滿意足了。

以上觀念在二〇〇〇年以前，或許行得通。但自二〇〇〇年後，定存利率再也沒有高於 3% 了。

過去，老一輩的人會把定存當習慣。透過長期定存，一點利息、一點利息持續累積，時間雖然長了點，但總會積少成多。那時的定存，要說是投資也不為過。

但今非昔比。天真以為的錢滾錢，只是讓錢愈滾愈薄。定存帳戶中，緩慢增加的餘額，是美麗的謊言。

　　看似穩定的定存利率，正悄悄被「通貨膨脹」那隻怪獸吞噬。利率吃完了，就會開始吃本金。

　　「通貨膨脹」是一個經濟學名詞，指一般（非個別）物價的持續（非偶爾）上漲。不過，通貨膨脹並沒有衡量的指標，通常是以「消費者物價指數（CPI）」年增率，來衡量該年度的通膨率，藉此亦能得知物價水平。

　　歷年的 CPI 年增率顯示，過去臺灣已有五個年度出現「負利率」。民眾感受更加深刻，大至高不可攀的房價與租金，小至變貴的雞排與珍奶，民生物價無一不漲。再加上物價的僵固性是「易漲難跌」，存個 500 萬在銀行，就可以退休的時代，一去不復返。

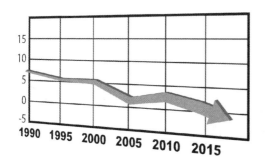

二〇〇〇年後，定存利率逐年降低，甚至，有五個年度，不敵消費者物價指數（CIP），形成「負利率」時代

股市憲哥的親子理財學

年度	臺銀一年期 定存利率(%)	CPI年增率 (%)	年度	臺銀一年期 定存利率(%)	CPI年增率 (%)
1988	5.00	1.28	2001	2.50	0
1989	9.25	4.42	2002	1.88	-0.20
1990	9.50	4.13	2003	1.40	-0.28
1991	8.25	3.62	2004	1.53	1.61
1992	7.75	4.46	2005	1.99	2.30
1993	7.63	2.95	2006	2.20	0.60
1994	7.30	4.10	2007	2.64	1.80
1995	6.80	3.66	2008	1.42	3.52
1996	6.05	3.08	2009	0.90	-0.86
1997	6.08	0.90	2010	1.14	0.96
1998	5.55	1.69	2011	1.36	1.42
1999	5.00	0.17	2012	1.36	1.93
2000	5.00	1.25	2013	1.36	0.79
			2014	1.36	1.20
			2015	1.36	-0.31

▲ 2000 年前，定存利率高，把錢定存在銀行，算得上投資

▶ 2000 年後，定存利率降低，甚至不敵通膨速度，有五個年度出現負利率

　　表面上，臺灣徘徊在低利率時代，暗地裡，負利率（指的是「銀行利率－CPI 指數（可衡量通膨率）」的結果為負數）的時代早已悄悄入侵。

以目前的經濟環境而言，報酬率至少要有 2.5%，才能有效對抗通膨速度。光把錢放著，並不會生錢，為了生活必須要去投資，讓錢滾錢。

可是，萬一真的沒有那個心臟，又不想要被通膨怪獸吃掉儲蓄，該怎麼辦才好？**那絕對要認識兩種投資工具，它們可以說是「進擊的定存」 ── 標會、ETF。**

兩者之穩定性如定存，投資報酬率卻比定存高，能有效與通貨膨脹抗衡。

改用進擊定存法，十年後多賺三倍以上

假設每年投入36,000元，並持續十年不間斷：

	傳統定存	標會	ETF（0050）
年平均報酬率	1.2%	約3.5～8% （保守估3.6%）	約6.～6.5% （保守估6.0%）
投資總額	360,000元	360,000元	360,000元
最後獲利	24,636元	79,561元	142,979元
總投資報酬率	6.8%	22.1%	39.7%

銀行當會頭倒不了，標會不怕血本無歸

「標會」又稱民間互助會，是一種民間的小額信貸模式。標會需要透過會頭起會，並設定期數（13、25、37期）、標金（高低設限）、會錢（無限）等最後，再邀集會員（會腳）加入跟會。

在傳統的社會，由於借錢不容易，如果恰有人有大筆資金需求，常藉「糾會」來達到獲取利息與緊急資金。因此，標會是臺灣行之多年的民間互助投資活動。

不過，民間互助會可以說是由各個會員的信用與彼此間信任，搭建而成，所以，一旦有人不守規則，就成了這個投資活動的最大風險 ── 「倒會」。

在小額借貸如此容易的現代，有人「糾會」不免讓人懷疑「醉翁之意不在酒」，已經不是倒或不倒的問題，而是現在倒，還是以後倒的問題了。

「憲哥，既然跟會這麼『危險』，您怎麼要沒什麼錢的小資族跳入火坑啊？」

跟會先要考量的就是「會頭」的信用。因為會頭除了要約定事項，要收發會款、主持投開標等，正常情況下，還得負擔大部分的風險與法律責任，像是遇到遲繳或不繳會款的會腳，會頭就必須自掏腰包來補足。

會頭的責任如此重大，不好好選怎麼可以。

可是「人心隔肚皮」，即使千挑萬選，看走眼的機率還是很高。不過，如果是一個不會倒，又能負起責任的會頭，跟會風險就能壓到接近零的狀態了。

永豐金控成立的「MMA 標會理財網」，是一個網路標會平臺，正好解決了會頭不穩、跑路的憂慮。可以說是，有傳統民間互助會的優點，而無倒會的風險，不論是當作投資，或用來儲蓄，都很恰當。

透過 MMA 標會理財網跟會，非常適合每個月只能存下 1,000 ～ 3,000 元的超小資族，用來當作累積更大投資資本的準備。這個跟會模式，有三個優點：

優點1 會腳不用自己湊，上萬會員組會快

即使相識滿天下、擁有廣大人脈，要在一週內找齊二十五位會腳、組個會期二年的互助會，困難度不低。尤其，現代人的防衛心重，糾會搞不好被懷疑要捲款潛逃。

透過 MMA 標會理財網，可以匯集來自各方的投資大眾。除藉由銀行每隔三、四日，推出不同期數的會，網路會員也能自行招募。隨時都有上萬會員，等著組會。

優點2 不怕會頭人間蒸發，風險接近零

在 MMA 標會理財網起的會，會頭都是永豐金控，不必擔心被倒會。即使會腳出狀況，會頭也會依約負責。穩定的會頭幾乎承擔所有風險，把會腳風險降到最低。

優點3 利率多定存二倍，不怕被通膨吃光

定存利率雖穩，卻有被通膨吃掉的危機。在 MMA 標會理財網跟會，在扣除手續費後（一年會期 1.75％、二年會期 1.75％～ 2.25％)，每年仍有 3 ～ 5％的穩定利率。

若是運氣好，當期遇到有人搶標，利率還可高達 5 ～ 7.5％，遠遠超過定存的 1.2％年利率。

更多網路標會平臺相關訊息，
可參考《MMA 標會理財網》

篩選過的股市資優生，定存股首選 ETF

　　ETF（Exchange Traded Funds），即「指數股票型證券投資信託基金」，簡稱「指數股票型基金」。雖然名為基金，其交易方式跟股票完全相同。

　　「ETF」到底是什麼？簡單來說，若把股票市場假設成一個大型超市，一個沒有足夠知識或經驗或預算的新手買家，面對滿屋子琳琅滿目的商品，一時半刻，哪裡知道怎麼挑怎麼選。而且萬一手頭很緊，人家推薦的好商品，可能一樣都買不起。

當季最優惠

ETF 的概念，就像商家把「精選過的眾多優質商品」裝成一籃，投資人可以一次性購買

　　於是，分散風險的「ETF」就出現了。店家貼心把店中最優質的幾項商品，各放一部分在同個籃子裡，買家購物時不需絞盡腦汁，只要符合預算，籃子拿了，就可以結帳了。同時，會隨著季節、產品品質來汰換商品，籃子裡的東西，永遠是最優質的。

　　ETF 在臺發行已十二年，目前有 38 檔，包括二〇一五年十二月二日問世的「ETF5.0」，共歷經五世代：

ETF 1.0	臺股各類指數ETF（產業型、主題型、權值型）
ETF 2.0	跨境向外延伸。包括香港股市及中國股市指數
ETF 3.0	報酬擴大。槓桿型及反向型的ETF問世
ETF 4.0	加入原物料、黃金、石油等期貨的ETF
ETF 5.0	跨時區的ETF。如美國SMP，有套利空間

　　未來 ETF 的市場會愈來愈大，這是全球必然的趨勢，如香港股市每日 ETF 成交量占比高達 24%。

　　早期，臺股的 ETF 成交量占比平均約只有 3％，到了二〇一五年，其成交量占比可以說是翻倍成長，跳升到 7.26％，其速度是非常驚人的。

ETF 市場逐漸壯大的原因之一，是把股票與基金的缺點排除，融二者的優點於一身的七個好處：

好處1 交易便利（與股票相同，有證券戶就能買賣）

ETF 的交易方式與股票完全相同，只要開證券戶就能在交易時段進行 ETF 的買賣。比起基金買賣必須透過銀行的理專來操作，便利不少。

好處2 額外成本低（比股票省 1/3，比基金省 1/10）

ETF 交易時的手續費與股票相同（0.1425％），但交易稅僅 0.1％，是股票的三分之一。若與基金動輒 1.5～3％的手續費，及 0.6～2.5％的管理費，買賣 ETF 可以省下不少交易時衍生的額外成本。

投資商品	需負擔的額外成本（％）
ETF	手續費0.1425％X2＋交易稅0.1％＝0.385％
股票	手續費0.1425％X2＋交易稅0.3％＝0.585％
基金	手續費1.5～3％X2＋管理費0.6～2.5％＝2.1％以上

好處3 成交價即時（不像基金要等半天以上才知道）

股票與 ETF 的成交價同市場價格。基金成交價則不夠即時，常要等上半天或一天，才能確定實際淨值價格。

好處4 入門簡單（經篩選的優質股，新手不怕買錯）

股票與基金由於是單一標的，為了挑選到好的標的，花時間去學習研究是必要的。但 ETF 是已經替投資人謹慎篩選過的優質股，投資新手也不怕買錯。

好處5 分散風險（避免孤注一擲，輸一次就慘兮兮）

組成 ETF 的成分股為事先篩選，並定期汰換掉不優質的標的。故不容易受個別公司業績之影響，所以，不太需要擔心公司因為營運不佳，而下市賠錢（即使是呼風喚雨的股王股后，也會受產業景氣不好而下市下櫃）。

好處6 跨境延伸（買國外指數 ETF，免負匯差風險）

其中，包括香港、中國、日本、美國的股市指數，及黃金、石油等期貨的 ETF，都不用附委託買賣，亦不需擔心外幣與臺幣匯率差之風險，可直接用臺幣買賣。

好處7 報酬擴大（短線獲利增加，反向思考新選擇）

槓桿型及反向型的 ETF 問世後，讓 ETF 二倍微槓桿，擴大短線獲利；反向型的 ETF，則是讓看空投資人，反向思考、反而安心、反而順手。

總而言之，ETF 是篩選過的股票組合，是共同基金的概念，獲利雖不如個股高，但相對穩定。資金有限的小資族，或沒有把握、初入投資市場的新手，我非常建議把 ETF 做為定存型（定期定額）的投資工具。

必入手的ETF資優生 (選股日期:2016/02/24)

代號	名稱	股價	近五年平均 年報酬率	其他說明
0050	臺灣50	60.85	6.5%	定期定額
0056	高股息	22.22	5.5%	定期定額
006205	FB上證	26.99	不一定	賺價差
00645	FB日本	16.41	不一定	賺價差
00646	S&P500	19.06	不一定	賺價差
00635U	元黃金	20.38	不一定	賺價差
00642U	元石油	15.05	不一定	賺價差

11

股市是惡夜叢林，想活命最好保持距離？

用 333 選股法，
存股獲利當股市長青樹

有人說，「股市是吃人世界」。初入市場的新鮮人，往往只有被吃的份。講句更現實的，股市起起落落，變動之快，如大魚吃小魚，有時被吞下肚了才發現。

不過，買賣股票門檻低，不光是交易簡單，額外的成本（如手續費、交易稅）也比基金買賣低上許多。加上股市資訊公開，很多相關知識與專業分析，都能透過網路、電視、報紙看到查到。因此，把股票拒之千里之外，未免太可惜了一點。

那到底怎麼做，才能既把握賺錢機會，又不會在股海裡載浮載沉，甚至遭到滅頂呢？

因為年輕時的慘賠經驗，我強烈建議資金有限的小資男女，不要一股腦兒把錢投入所謂的明牌股，而是應該利用「存股」的方式來投資。

買低賣高賺價差，選好標的賺股利

「股票」是一種有價證券。這是股份有限公司向外籌募資金的時候，發給股東的投資憑證。既然身為公司股東，便有權利分享公司的利潤，此外，亦需承擔公司因為營運不利，而帶來的風險與損失。

臺灣投資股票的盛行率高，開戶數約有九百多萬人。想要藉由「投資股票」賺到錢，有兩個途徑，一是買賣股票時的價差，二是公司發放的股息、股利。

途徑1 低買高賣賺價差

即買進股票與賣出股票時產生的價差。**當股票買進的價格，低於賣出的價格，且在扣除手續費和證券交易稅後，仍有餘額，就代表賺到錢了。**

依證交所之規定，在臺灣股票市場，一天之內，單檔股票的漲跌幅有所限制，最多不可超過股價的 10%。

假設 A 股票一股是 100 元，一天最多只能漲到 110 元，跌到底也不過 90 元。若一天之內，股價漲了 10%，就是俗稱的漲停板，跌了 10%，就是跌停板了。

這樣的規定是一種限制（賺到的錢有限），卻也是一種保護機制（避免無止盡的往下跌）。

對於成本較小的小資族來說，與其整天想著買到漲停板的股票，不如好好選、謹慎挑，找一家每年固定成長、且持續好幾年的公司，買這類優質公司的股票，才能期待股價慢慢漲、月月漲、漲不停！

買賣股票的交易成本

買賣股票皆要付手續費給證券商，至於，證券交易稅則是股票賣出，才要繳進國庫的稅額，二者相加約0.6%。各券商為爭取客源，對線上下單客戶或在舉辦活動時，手續費還會折讓退佣，交易成本自然再壓低。

	收費項目	成本計算
買進	手續費	買進金額 X 0.1425%
賣出	手續費	買進金額 X 0.1425%
	證券交易稅	賣出金額 X 0.3%

途徑2 每年發放的股利

　　一間公司如果有賺錢，除了會表現在股票的價格上，還可能將盈餘分配給股東，因而有所謂的「股票股利」或「現金股利」。其中，**發放「現金股利」為主的公司，更是適合小資族，作為存股的首選。**

　　一般來說，只要在「股利發放日」（大部分的公司會訂於每年的六～九月分），手中仍持有該公司的股票，就能依照持有股票的比率，領到股利。

　　現金股利的概念，有點像是年終獎金，即使公司有賺錢，股東也不一定領得到。一旦公司打算把賺到的錢，拿去創造更大的獲利時（如增加產能、開發新品等），恐怕就沒有多餘的錢，能夠分給股東了。

　　不過，就像找工作時，會先打聽看看企業有無發放年終獎金的慣例，若想用現金股利來賺錢，買股票前，就要先查詢歷年發放現金股利的比率與情況。

俗諺說：「種田揀田底，娶某揀娘嬭，買股票揀頭家」。發放現金股利占年度獲利比率較高的公司，例如，中華電（2414）約 90％、中鋼（2002）約 75％、台塑集團股約 70％等，這些公司若獲利，投資人多半能跟著「吃紅」。

但是，某些公司的老闆，就算有賺錢，也非常吝嗇，董事監事的酬勞每人領好幾億、員工年終十個月，至於，股東配息、配股率搞不好僅 10％。

這種公司的股票，就不適合當作存股標的，因為永遠都是大股東吃香喝辣、內部員工酒足飯飽，可憐投資人往往只有望梅止渴、喝西北風的份。

拉長投資期限，用「存股」創造大財富

臺灣股市是一個淺盤子市場，輕輕地吹一口氣，就可以捲起三尺浪。更是一個吃人不吐骨頭的叢林市場，叢林市場的生存法則，是自然界、生物學強調的：物競天擇、優勝劣敗、弱肉強食。

就像玩衝浪的人一樣，有人懂得在大浪來襲瞬間，看準時機，抓住浪頭，順勢而起。有人錯過了時機，就只剩被浪往水裡帶的份。

就算站上了浪頭，要保持平衡、維持姿勢 100 分，再完美落水，也很困難，稍有不慎，跌下來又急又快。而被帶往水底的人，若是讓淤泥、水草纏上了，要脫離困境，恐怕得花上一點時間。

由此可見，**利用「短線操作」買賣股票，風險太大。何況這根本算不上是投資，而是投機。**

　　不過，也不要因為害怕，就拒股票於千里之外。對於小資族、投資新手而言，「存股」是個不錯的買股方式。

　　存股，就是存股票。簡單來說，就是把買股票當作買房屋，用分期付款的方式，定期定額地買進，一張一張慢慢存，時間一拉長，手上的股票也會愈來愈多。這是在無壓狀態下，逐漸累積而成的財富。

　　以我家為例。我的大兒子在就讀碩士班的時候，參與教授的研究計劃，一個月固定薪資為 25,000 元。那時，我要求他每個月都要存下 10,000 元。我就利用這 10,000 元，並小額加碼，幫他投資。

　　當時，我替大兒子選擇績優股票存股，平均年投資報酬率約 10%。直到他博士班畢業，一共七～八年，總累積資本僅 80 多萬元，但是，由於持續投入資金及穩定獲利，連本帶利成長到將近 200 萬元。這筆錢，後來成為他前往國外大學研習一年的生活費。

比起天天盯著大盤看，精神與思緒隨著股價而緊繃的短線操作模式（指股票在買進之後，或為賺取價差，或為其他的因素，而在短時間之內即將持股賣出），以存股的方式投資相對單純。

正如股神巴菲特曾經說過的：「我偏愛的投資期限是 ──『永遠』」一樣，存股強調的，並不是利用短時間內的買賣，來取得價差因而獲利，而是著重於長時間累積下來，定期且持續的投入資金。

這亦符合巴菲特所謂的「雪球理論」：

先要找到溼的雪，再找到長的坡。接著，慢慢滾、慢慢滾，雪球就會愈滾愈大。

這是一種積沙成塔的強大力量。比起資金充足、手頭寬裕，隨手就能築起一座城堡的股市大戶，資本小、收入少、手頭不太寬裕、資金不容許虧掉的小資族群，更需要借助這樣的力量，穩穩地獲利。

之所以鼓勵小資族利用「存股」來投資，不只因操作簡單、手續費低，還能有額外收穫：

收穫1 把錢花在刀口上

為了每個月累積多一點買股的餘額，就會開始克制花錢的欲望。最直接的，就是約束自己要節儉，能省則省，減少浪費的情況。要是依舊覺得餘額不足，自然會想盡辦法，調整花錢的習慣，例如，貨比三家、不搭計程車改搭公車。這樣一來，錢就能花得精準，花得漂亮。

收穫2 加強承擔風險的能力

不同於基金的買賣得靠理專介紹（推銷），與代為操作，存股可以自己挑、自己選、自己買，自主性極高，不必看別人的臉色。因此，存股賺的錢，能拿走大部分（不需支付理專服務費與銀行管理費）。由於風險自負，除能學會承擔，也會懂得調解風險來臨時的負面情緒。

收穫3 關心財經的相關知識

　　既然已經參與其中（每個月都擠出錢來存股），無形中就會有一股魔力，吸引人去認識相關的市場資訊。

　　原本轉到財經頻道就秒換的習慣，開始存股後，為了投資更順利、下手更精準，或許願意停留多一點時間。多看多聽，就是一種學習。當對市場的了解愈多，對投資理財就愈有正面幫助。

運用「333 選股法」，種出股市長青樹

我到各地演講，常碰到很多努力的年輕人。他們常會問我：「憲哥，您都說『存股』要自己來，可是我平日要工作，偶爾還要加班，根本沒有時間好好研究，哪知道存哪一張股票比較好啊？」

目前臺股的上市股票（包含 ETF）約有 940 檔，上櫃股票約有 710 檔，股海茫茫，貿然跳下去的話，很容易找不到上岸的路。迷失在股海裡，是非常可怕的一件事。

既然存股是「放長線，釣大魚」的概念，只要挑選一支穩穩成長的標的，細水定能長流。我強烈建議投資新手，利用「333 選股法」，來找尋投資標的：

條件1 第一個「3」：連續 3 年都有賺錢

條件2 第二個「3」：每年每股盈餘（EPS）3 元左右

條件3 第三個「3」：每股股價在 30 元上下

那麼，找一檔今年賺 2.9 元、去年虧錢、前年賺 6.1 元的股票，平均也是年賺 3 元，可以嗎？

當然不行。波動大、風險就高，不適合資金有限、對股市了解不深的小資族。**數據會說話，每個「3」都是判斷的標準，三個條件都達標，才是值得存的穩定股。**

以「333」為基準，把握至少連續 3 年賺錢、本益比控制在 10 倍左右（即「股價／每年現金股利＝ 10」）等原則，就可以因應既有資金、股票市場局勢等，稍作變化，發展出 311、322、344、355、366 等進化版。

符合333的基本版與進化版 （選股時間：2016/02/22）

311	連3年賺錢、每股盈餘1元左右、股價10元上下
	例 2884玉山金、2890永豐金、2891中信金
322	連3年賺錢、每股盈餘2元左右、股價20元上下
	例 1215卜蜂、2809京城銀、2204中華車
333	連3年賺錢、每股盈餘3元左右、股價30元上下
	例 1708東鹼、2376技嘉、2881富邦金

　　存股是一場持久戰，比耐力、比毅力，平均每年 10％
的獲利，幾乎無感到讓人想放棄。再跟國內股票一天漲停
就賺 10％來比，根本小巫見大巫。

　　不過，股票不會天天漲、一直漲，遇到跌的時候，也
真的完全沒在客氣。例如，民國七十七年時，宣布復徵證
所稅，臺股就一連跌了十九天，不到一個月，重挫將近
48％。股災一來，投資者失去信心，想要漲回原本水準，
速度就更慢了。

344	連3年賺錢、每股盈餘4元左右、股價40元上下
	例 1507永大、2106建大
355	連3年賺錢、每股盈餘5元左右、股價50元上下
	例 1582信錦、1535中宇、9945潤泰新
366	連3年賺錢、每股盈餘6元左右、股價60元上下
	例 2354鴻準、5871中租

與其讓心情跟著股價起落不定，不如改以存股賺10％。**選對存股標的，每年賺的 10% 是穩定複利，時間一拉長，其威力是比原子彈還大的。**

讀者存股之前，不妨立下一個比現況再困難一些些的目標。例如，目前每個月大約可以存下 2,500 元，那就把金額提高到 3,000 元，並增加年終獎金至少要存下 50％（或更高）的挑戰。強迫儲蓄，增加存股資本。

當然，要是一個月買一張股票，真的有困難，可以存三、四個月再買一張，或分批買進零股，慢慢累積成一張股票（1,000 股）。唯一要記住的是「持之以恆」。

理財隨手記

12

優質股票成本高，穩定報酬看得到吃不到？

小額首推存股證，
一半資本兩倍報酬

有心想買股票投資、增加錢流的小資男女，是否常有一種「心有餘，而力不足」的窘況：龍頭股、優質股、現金股利高、穩定獲利等公司，一張股票動輒 5 萬、10 萬起跳。月領不過 25K、30K，錢從何處來？

　　的確，不能為了投資而餓肚子，但也別因此澆熄投資的火苗。要是屬於願意冒小險的投資者，「存股證」就是一個建議選擇的投資管道。

　　比起基金，存股證交易成本低，便利性高；比起茫茫股海，存股證的標的經過篩選，誤觸地雷機率相對降低。除此之外，存股證讓投資人以 5 折價購入龍頭股，非常適合長時間的小額投資。

小資男女求翻身，穩中求利的明燈

說到投資，「股票」與「基金」可能連對財經沒概念的人，都略有耳聞，畢竟，這兩項都是歷史悠久、國內外皆有的投資管道，曝光率與討論度也高。

但若提到「存股證」，很多人可能問號一堆。

「存股證」是二〇一四年，由元大證券發行的新金融商品，在證券交易所的正式名稱是「展延型權證」，由權證商品延伸而來，屬於權證的一種。但事實上，其操作方式與交易型態等，與股票較為類似。

話雖如此，二者仍有明顯差異。

股票市場波動大，多以短線交易為大宗。加上龍頭股、優質股，尤其現金股利高、穩定獲利的公司，一張股票動輒 5 萬、10 萬起跳。要收入很有限的小資男女，或有育兒費和家用支出、手頭不是太寬裕的小資爸媽，一時半刻要拿出這筆錢，真的有困難。

有一種可能是「真的沒錢」，另一種可能是「花不下去」，總是會擔心：萬一賠掉了怎麼辦？

是啊，當然不能為了要投資，搞到三餐不繼。與其二十年後能夠賺進百萬千萬、吃山珍海味享清福，還不如馬上賺到一個麵包比較實在，至少不會餓肚子。

若是有心想要投資，卻有種「心有餘，而力不足」的狀況，選擇存股證就比股票適合多了。

由於存股證的標的已經過特別篩選，不只具發展潛力，獲利及配息也較穩定，符合投資人長期投資的需求。

在現實層面上，存股證購買成本只有股票一半，這讓很多望之卻步的高價股，價格變得平易近人。

所以，透過存股證，即使是資本有限的小資族，也能順利買龍頭股，賺到穩定利潤。

半價買進龍頭股，享股利還不用課稅

　　要是屬於能冒點險的投資者：願意把風險稍微放大，好讓獲利跟著增加。那麼，投資「存股證」就很適合。

　　仍在考慮該不該投入存股證的市場嗎？先看看關於存股證的四個好康，再決定也不遲：

好康1 買賣便利，交易成本低

　　買存股證的方式與股票相同，只要開立證券戶，詳閱並簽一份風險預告書，就能透過網路或營業員下單。

　　存股證交易時的手續費，與買賣股票相同，但證券交易稅，僅有買賣股票的三分之一（0.1％）。

好康2 標的有篩選，誤觸地雷機率低

　　存股證雖被稱為股票接班人，但並非每一檔股票，都有相對應的存股證。目前「存股證」約有 66 檔。

發行存股證的證券公司，會篩選「具發展潛力」的績優股，作為發行標的。等於是專家們精挑細選後，投資人再從各路菁英中，選擇喜歡的標的來投資。所以，即使新手剛入門，也不擔心誤觸地雷。

好康3 用 5 折價，入手高價龍頭股

證券業者出借二分之一資金，讓小資族以二分之一股價，買到相當一張股票價值的「存股證」。確切地說，是券商主動貸款一半資金給投資人，這筆貸款每年僅需付 2.5％利息，比融資買進的 6％利息支出，便宜許多。

好康4 享除息配股利，免課所得稅

當股票除息配現金股利、除權配股票股利，買存股證同時享有。但非直接發現金、股票，而是調降履約價（價值變高）或提高行使比例（股數變多）。因無直接領取現金、股票，故不必併入所得稅，及免扣除 2％補充保費。

　　以電信龍頭中華電（2412）為例，其平均股價約 100 元，即一張 10 萬。假設年平均報酬率約有 5%。

　　中華電的存股證（元展 01）一張只賣 5 萬，另外的 5 萬由證券業者墊付。投資人於購買時，需先支付每年利息的一半（1.25%），待持有滿一年，再付餘下的 1.25%。

　　此外，因存股證投入金額僅股票的二分之一，故投報率變為股票的 2 倍（5% × 2 = 10%），在扣除必須支付的 2.5% 利息後，每年仍有至少 7.5% 的投報率。

	股票	存股證
標的	中華電信（2412）	中華電信（元展01）
投報率	5%／年	約7.5%／年
買價	100元／股	50元／股
手續費	0.1425%	0.1425%
交易稅	0.3%	0.1%
補充保費	5% x 2%	0
併入所得	5% x（5%～45%）	0

長期小額投資首推，挑對標的賺翻倍

買存股證的價格，雖然是實際股價打5折，但這一張「5折股票」，還是與「原價股票」連動。也就是說，**股票漲多少，存股證跟著漲多少，跌之亦然。**

以中華電信舉例。股票用 100 元買，漲 10 元等於賺 10%。買存股證的成本少一半（50 元），同樣賺 10 元的情形下，報酬率會增加一倍（20%）。但下跌時，跌幅也會多一倍，等於 2 倍槓桿在操作。當獲利的波動大，風險亦跟著提高 2 倍。

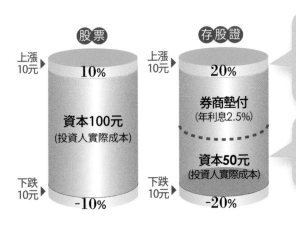

存股證在推出之時，就是以「短線賺價差，長期賺股利」為訴求。所以，不希望或不能冒大險的人，不妨把投資的時間拉長，透過每個月（或固定週期）定期定額，投入資金。主要目的是靠著穩定配息配股來獲利，長年累月下來，不只投資報酬率會倍增，也使風險變小。

證券發行商除先篩選優質股，做為存股證的標的，還會貼心地挑出一些適合長時間持有的商品，並於名稱旁標示「存」，讓投資人一目了然。

能被選為「適合長期持有」的存股證，通常具發展潛力、穩定獲利及配發現金股利、漲跌幅度較小等特色，屬於各產業具代表性的「防禦型股票」。例如，中華電、遠傳、台積電、富邦金、兆豐金等。

因為有一定的挑選原則，著實替投資人降低不少踩到地雷的機會。與少說上千檔的茫茫股海比起來，存股證的市場更容易讓投資人挑到好標的。

下單	名稱	代號	多/空	標的	價格	漲跌%	標的價格
		▲▼			▲▼	▲▼	▲▼
☲	元展05(存)	03005X	多	兆豐金	11.50	3.60%	22.60
☲	元展04	03004X	多	中鋼	-	-	22.00
☲	元展07	03007X	多	中信金	8.45	1.20%	16.75
☲	元展06(存)	03006X	多	富邦金	18.70	1.63%	41.45
☲	元展01(存)	03001X	多	中華電	-	-	106.00
☲	元展03(存)	03003X	多	台積電	53.50	-0.93%	152.50
☲	元展52(存)	03055X	多	華固	6.75	-0.74%	56.70
☲	元展51(存)	03054X	多	遠傳	-	-	70.10
☲	元展09	03009X					
☲	元展48	0305					
☲	元展47(存)	03050X					
☲	元展50(存)	03053X					
☲	元展49(存)	03052X	多	台塑	-	-	80.00

符合長期存股標的的篩選條件：

1.具產業代表性的防禦型股票

2.近五年平均現金股利殖利率＞3%(每年底更新)

3.近五年平均稅後股東權益報酬率ROE＞8%(每年中更新)

（資料來源：元大證券網頁）

　　購買存股證時，把握時機、在低檔進場，或以定期定額壓低平均成本、長期持有，就能股利、股息，與價差兩頭賺。（如想深入了解，建議參考《股市憲哥教你挑對好股，找對權證，小資也能賺千萬》一書）

憲哥激推的久抱存股證 （選股日期：2016/02/19）

代號	名稱	標的	標的價格	存股證價格	備註
03006X	元展06	富邦金	38.3	15.6	
03025X	元展22	台灣50	60.85	15.0	
03042X	元展39	日月光	37.5	8.35	
03050X	元展47	潤泰新	43.4	2.79	
03053X	元展50	台灣大	101.0	5.5	
03058X	元展53	台積電	151.0	22.1	
03061X	元展56	中華電	105.0	28.0	
03075X	元展70	新光金	6.29	3.2	賭他不倒

13

基金投資全靠理專，不用功就想賺到錢？

選金基母靠自己，
想賺錢要靠停損停利

雖說，基金是懶人投資法、傻瓜投資法，但功課還是得做。基金買賣必須透過理財專員之手，偏偏理財專員強烈推薦「賺很大」的，通常是理專本人賺很大（佣金特高），而不保證投資人的荷包滿滿滿。不小心被理專的說法給迷惑，恐怕真的會被當成傻瓜耍。

我曾建議小資男女──「晚五年買名牌包，以後每年賺一咖包包」。這句話當然不是開玩笑。但也別以為把買包的三萬、五萬，丟到基金裡就 OK ！首先要買到好基金，再來要定期關注，才能賺錢。

基金雖然無法自己買自己賣，還是有些「眉眉角角」不能忽視。把理專當顧問可以，但不能盡信，不然，可能會變成幫人賺名牌包的冤大頭了。

定期定額買基金，強迫儲蓄好方法

不管對投資有沒有興趣、有沒有研究，應該都對「基金」不陌生，縱然沒有買過，應該也有聽過。

買賣基金和其他投資管道比起來，雖然額外成本（如管理費、手續費）比較多，**但因為是借助「基金管理人」之手來操作，對忙於工作或家庭、時間少的小資族來說，算是相對方便的投資管道。**

一般來說，買賣基金需要另外支付的交易費用，約有以下七個項目，有時，銀行或基金公司，為了吸引更多的投資人，部分費用給予優惠或免收。

1. **保管費**：基金保管機構（通常為銀行），約 0.2%
2. **信託管理費**：銀行會主動代為保管，購買基金後取得的信託憑證，並酌收 0.2% 管理費
3. **申購手續費**：即購買時的行政費用，約 2.5 ～ 3.5%

④ **經理人費**：基金公司最主要的收入，約 1.5％

⑤ **轉換手續費**：投資人將持有基金，轉換為同公司所發行的其他類型基金的費用，銀行約收臺幣 500 元，基金公司則會視情況酌收 0.5％或不收取

⑥ **贖回手續費**：即基金贖回時須支付的費用，約 0.5％

⑦ **買賣價差**：即基金贖回產生的證券交易費，約 2％

買賣基金的方法很多，但不見得人人都適用，建議依據自身需求，與財經知識來選擇。常見的有以下三種：

方法1 定期定額（固定金額，定期扣款）

開基金戶時，除選定要投資的基金，也設定扣款帳號與金額（建議 3,000～5,000 元），時間一到就自動扣款。定期定額不但方便，還能強迫儲蓄，適合小資族。例如，每月 5 日領薪水，就設定 6 日扣款，自然不得不啟動「收入－儲蓄＝花費」的模式。

方法2 單筆購買（累積資本，單次投資）

即在累積一筆資金後，一次性地投入基金市場中。不過，以目前的薪資環境看來，要有額外收入，通常是歲末年終的獎金。所以，不妨利用這一年一度的難得機會加碼投資。若本來就是定期定額的客戶，理專看到帳戶有大筆款項進帳，多半也會積極勸進。

方法3 不定期不定額（適合高手，短線獲利）

選擇這種方式的投資人，一方面有自己既定的財務規畫，一方面對於基金商品，有相當程度的了解。例如，投資人臨時有一筆錢進帳，也預期四個月後有用錢需求，但他不想浪費這四個月（讓錢待在銀行等），便會以搶短線投資，利用基金賺取較高利率。不過，以此方式投資的眼光必須很精準，多半屬於高手型的投資人。

理財專員別盡信，找金「基」母靠自己

　　基金的買賣不區分國內、國外，只要開設基金戶，全世界的基金都可以買，全部加起來，大概有幾千檔，怎麼挑怎麼選，可真是個很大的學問。

　　可見**「挑基金」不是太容易的事，卻是每個買基金的人，都應該知道的事。**不論是要想要長期投資，或短期獲利，務必花心思、下功夫去了解。

　　只要是買賣基金（不論國內外），就會酌收手續費、管理費等交易費用，所以，不要用「長期投資」當藉口，買了就不理不睬。即使買賣要靠理專、漲跌要看市場，一切看似無法掌握，投資人還是要自行關注，不光是要看基金的漲跌，公司的發展、獲利都要一併注意。

　　另外，還要盡可能充實金融知識，對全球趨勢要有一定的基礎。不要等賠了錢，再來罵理專。

　　想要挑到好基金，就要先找到好的基金公司。

　　好公司發行的基金，多半以年度獲利（公司有沒有賺錢）為考量，畢竟，能賺錢的基金才有人買，一旦交易量提升，公司才會跟著賺錢。因此，從好公司下手，至少可以先過濾掉一些不夠績優的基金。

基金交易價格，不如股票市場的即時

買賣股票時，可以依心目中理想價位掛單，一旦順利賣出或買進，交易價會跟原本設定的一致，最後，賣股領到或買股需支付的款項，也因手續費、交易稅低廉，與最初估算的金額少有差異。

基金並非如此，尤其是贖回（賣）的階段。**基金贖回往往會因時間落差，造成價格的落差。**國內基金還好，若想以當日收盤價贖回，約莫二、三天後可領到錢。

國外基金就有得等了。當想以收盤價贖回、通知理專或上網申請，即使國外馬上接收訊息，還是得等上三天、五天，才能拿到錢。要是遇到國外窗口，晚幾個工作天才接收，不只容易錯過投資人的期望價格，搞不好會等上一個星期，才能領到錢。

買愈久≠賺愈多，停損停利絕對必要

　　理專推薦基金時，總會習慣性隱惡揚善，遇上對金融市場百分之百沒概念的客戶，剛剛好「一個願打，一個願挨」，所有的說法都冠冕堂皇。

　　加上基金投資主打長期，理專常會主張不需停損、不用停利，沒概念的投資人聽來，覺得門檻更低更簡單。但這往往導致投資人五年十年後，才猛然驚覺獲利不如預期，或者乾脆說是「不如理專當初的保證」。

　　以曾經造成轟動的礦業基金為例。十年之前，熱門度極高的某一檔礦業基金，在二〇〇九年時，遇上市場從谷底反彈，投資報酬率一度達到 103%，震撼基金市場。

　　但好景僅維持三年，二〇一一年後，受到原物料價格下跌影響，該檔基金的投報率轉為負數。當時，若沒抓準時間贖回，就只剩被套牢的份。

又例如，二〇〇八年時，投資人一窩蜂搶著買進的俄羅斯基金。當時，若買對時間點，懂得危機入市的話，兩年可賺 140％以上，等於一年投報率超過 70％，簡直是暴利。可是，二〇一一年起，由於國家舉辦大選的政治紛擾因素，及六次空難事件的影響，俄羅斯基金的投報率逐年往下降。曾經的暴利，只是曇花一現。直到二〇一四年的「烏克蘭事件」後，歐美各國抵制伴隨、油價的下跌，許多相關基金都暴跌 50％以上。

以上的慘烈，最容易發生在長期繳款、卻毫不關注、毫無概念、堅信理專的「定期定額」投資人身上。

基金漲跌不如股市激烈，但不等於放愈久賺愈多。

二〇〇七年前，誰想得到雷曼兄弟會倒，只是事實總是如此殘酷，成立一百四十幾年的公司，說倒就倒。由此可證，投資基金是有風險的。所以，**不只要隨時關心自己的基金，還要「停損停利」。**

　　停損，就是設定停損點。當投資開始賠錢，就要依可接受的程度，設定出場的時間，千萬不要因為捨不得，催眠自己「總有一天會賺回來」。**停利，就是設定停利點。**但人人能接受的獲利範圍（賺錢金額），都是無限放大，這時就考驗人的滿足程度了，若是貪心不足蛇吞象，結果恐怕也不是太好。那麼，小資族在定期定額基金投資時，又該何時停損與停利？不妨參考以下兩個方法：

方法1 停損 10％踩底線 → 認賠出場，勇敢換一檔

　　理專並不會特別提醒投資人要設定停損點，尤其是對定期定額的客戶。所以，小資族要自己靠自己。我建議，把停損點設定在 10％，一踩底線，就勇敢認賠，換檔投資。畢竟，全球基金幾十萬檔，何必單戀一枝花。看錯市場趨勢，即刻救援，總有補救機會，千萬別因心疼那 10％，而賠掉剩下的 90％啊！

方法2 停利 20%達高點 → 見好就收母基養小基

再高的投報率，都是紙上談兵，沒有到手，煮熟鴨子也會飛走。與其想著賺三倍五倍十倍，不如「見好就收」，現金拿到手。我建議，設定 20%的停利點，目標達成就贖回。但由於原本定期定額投資的基金有賺錢，所以不需停繳，而是繼續扣款繼續賺。至於，贖回的錢，可另選一檔基金來投資，分散風險，亦減輕投資壓力。

14

搶先跟進超夯投資，結果賠的比賺的多？

投資地雷要知道，
避免賠了夫人又折兵

理財像爬樓梯，第一步先站穩，才能走第二步。理財的第一步就是「儲蓄」，在第一桶金還沒裝滿前，投資要小心翼翼，追求穩定。有些人想賺錢想到失心瘋，一聽說有「賺錢偏方」，二話不說就跟進，完全不考慮自身的資本、環境、知識、背景。貿然行事的結果，得到的是虧損連連的後果。

　　不是說，投資偏方一定吃虧上當，而是使用偏方前，務必三思。第一思，投資管道有無問題；第二思，有無成功案例的分享；第三思，資本是否充裕（錢賠掉了，日子是否過得下去）。

　　但三思全過關，不代表就能追隨潮流，很多符合三原則的投資，都不太適合小資族，如接下來提到的三種投資法 —— 黃金存摺、貨幣買賣、直銷。

地雷一：買了馬上虧的「黃金存摺」

過去，黃金是「戰亂英雄」，一遇戰爭就異軍突起。畢竟，在局勢不穩、什麼都不確定的當下，惟「黃金」價值人人認同。但是，**在二○一二年十月之後，金價光芒黯淡，二○一三年四月之後，金價更是一落千丈。**

金價似乎不再隨著戰亂舞動，例如，二○一五年的烏克蘭危機、巴黎恐攻等事件，都不見金價飆升。

二○一一年八月，是黃金最風光的時刻。二○○八年金融海嘯後，金價每盎司 712 美元，三年即站上 1,895 美元，漲幅超過 166％。若把時間拉回到一九九九年，當時金價每盎司僅 252.8 美元，十二年以來，漲了 651.9％。因此，黃金開始被視為「潛力無窮」的投資工具。

二年後，金價自每盎司 1,895 美元跌至 1,192 美元，投資專家觀察到此現象，傳言已貼近開採成本。

　　於是，中國大媽「聞『金』起舞」，二〇一三年六月
進場狂掃，短短二個月，金價從每盎司 1,192 美元，強力
反彈至每盎司 1,425 美元。可惜不敵大勢所趨，二〇一五
年時，金價再創每盎司 1,049 美元的新低價位。

　　「金」光閃閃，魅力無法檔，勸 Buy 聲此起彼落。有
的人嫌購買實體黃金麻煩，不如買黃金存摺，一度還造成
黃金存摺排隊開戶，熱銷高燒不退。

　　不少小資族也搭上這輛流行列
車，選擇定期定額，以每月三千元、
五千元購買黃金存摺，滿心期待黃
金發財夢。

　　不是我要潑冷水 ──「**黃金存
摺甚至比定存還慘**」。購買前，先
認清四個缺點，評估之後再來考慮
辦或不辦。

缺點1 定期定額的高手續費

小資族習慣的定期定額、小筆小筆的投資，各家銀行每次交易都要酌收 50 ～ 100 元不等的手續費。

以臺灣銀行為例，單筆最小投資額為 3,000 元，一次收取 50 元手續費就占了 1.67%。且投資額往上一單位，至少得足額 1,000 元。對小額投資較為不利。

缺點2 買賣價差大，現虧 1%以上

從臺灣銀行黃金交易牌價（下圖），就能明顯看出買進與賣出的價差之大。美元計價的賣出價（1277.6）與買進價（1264.8）相差將近 1%，也就是說，最前面的 1 ～ 1.5%漲幅，根本空歡喜一場。有漲還好，要是金價毫無動靜或跌，立馬虧損 1 ～ 1.5%，甚至更多。

外幣計價黃金存摺牌價				
掛牌時間	幣別	掛牌單位	本行買進	本行賣出
20:25	美金	1英兩	1264.80	1277.60
19:50	人民幣	1公克	264.00	268.10

（資料來源：臺灣銀行 2016/03/08 盤後交易外幣計價黃金存摺牌價）

缺點3 高點僅一個，歷史新低點一個接一個

　　隨著金價下跌，勸 Buy 聲音更是不絕於耳，每盎司 1,200 美元，下降到 1,000 美元、800 美元時，每個價格都有人標榜是「歷史新低點」，還用「曾經」的 1,895 美元高點畫大餅，要小資族勇敢買下去。

　　容我提醒各位讀者。金價漲到每盎司 1,895 美元前，也鬱卒了二十六年。一九八〇年自每盎司 700 美元起跌，直到二〇〇六年才再度回到 700 美元。過去，黃金被當爛銅，等了將近三十年才起死回生，而人生有限，又有幾個三十年可以等呢？

缺點4 沒有利息領＋無感的低獲利

　　雖然名為「存摺」，黃金存摺卻不像現金存摺有固定利息，比起定存每年 1.205％的微薄利息，買黃金存摺的希望只能放在金價。偏偏黃金漲幅有限，扣除成本之後，獲利相當有限，小額投資幾乎無感。

　　除了黃金存摺外，其他黃金相關商品，例如，黃金期貨（高槓桿、風險高）和飾金（工錢貴、折價率高）、金幣（流動性不佳）等，都不適合做為小資族的投資工具。

用黃金ETF，替黃金存摺解套

　　眼看滿手黃金變賠錢貨，卻不知如何是好？

　　其實，不必犧牲辛苦錢，也有解套的方法。但無論如何，務必先停止把資金往黃金存摺裡丟。再把原本投資黃金存摺的錢，改為購買黃金ETF。黃金ETF的僅需0.1425％手續費及0.1％交易稅，比黃金存摺的交易成本低太多了。

　　因目前推估黃金開採成本約800～1,000美金，故當金價符合以下條件：①每盎司1,050美元、②持續3個月不跌，就建議買進黃金ETF。買進後等待金價回漲，賺到12～15％就賣出。並以相同方式觀察與反覆操作，多做幾趟、來回進出，積小勝為大勝，累積戰績。

　　一旦投資黃金ETF有所獲利，再把黃金存摺裡的現有黃金，一盎司一盎司慢慢賣，就能逐步解套。

地雷二：沒三桶金，先別嘗試「外幣買賣」

不只銀行有外幣定存的方案，保險業者亦推出外幣投資型和儲蓄型保單。外幣相關的投資商品，瞬間夯起來，特定國家的貨幣變得炙手可熱。

不少小資族也迷迷糊糊，跟著加入購買的潮流。但我強烈建議，買賣外幣若非為了商業需求，或出國花費，最好不要一個勁兒就投資下去。

以買賣外幣作為投資工具，主要是看中了賺點 ──「匯率的波動」及「較高的利率」。

「匯率」是浮動匯率。即兩國貨幣兌換的比率，會隨著國家情勢、經濟政策等，產生變動。投資人則是透過貨幣的升值與貶值來賺取價差。但是，除了日幣與歐元，在二〇一四至二〇一五年間，突然明顯貶值外，過去，國際主要貨幣的匯率波動度都不大。

　　「利率」則是把外幣存在銀行的利息。與臺幣相同，有活存與定存之分。**目前全球皆處低利率情勢，銀行能提供的外幣定存選擇，相當有限。**以往南非幣年利率 15％、澳幣及紐幣年利率 10％的年代，早已不復見。

　　以最保守的臺灣銀行，二〇一六年外幣存款年息為例（下圖）。南非幣以外的其他貨幣，年定存利率皆低於 2％（部分銀行的紐幣澳幣達 2％多）。

　　偏偏南非幣的匯率波動大，能取得的公開資訊少，沒有一定操作技巧，容易「賺了利率，賠了匯率」，踩到投資地雷的機率自然跟著放大。

幣別	活期 (年息%)	定期存款 (年息%)							
		7 天	14 天	21 天	1 個月	3 個月	6 個月	9 個月	1 年
美金 (USD)	0.080	0.250	0.250	0.250	0.300	0.500	0.550	0.750	0.900
美金 (USD) 大額	-	0.250	0.250	0.250	0.320	0.520	0.570	0.770	0.920
港幣 (HKD)	0.010	0.020	0.020	0.020	0.050	0.100	0.150	0.200	0.300
英鎊 (GBP)	0.100	0.100	0.100	0.100	0.150	0.250	0.300	0.350	0.350

澳幣 (AUD)	0.300	1.150	1.200	1.300	1.500	1.600	1.700	1.750	1.800
加拿大幣 (CAD)	0.050	0.150	0.150	0.150	0.300	0.400	0.500	0.550	0.600
新加坡幣 (SGD)	0.050	0.100	0.100	0.100	0.100	0.150	0.200	0.300	0.300
瑞士法郎 (CHF)	0.001	0.001	0.001	0.001	0.001	0.001	0.001	0.001	0.001
日圓 (JPY)	0.001	0.001	0.001	0.001	0.001	0.001	0.001	0.001	0.002
南非幣 (ZAR)	1.000	2.700	2.700	2.700	4.600	4.600	4.300	4.300	4.300
瑞典幣 (SEK)	0.001	0.001	0.001	0.001	0.001	0.001	0.001	0.001	0.001
紐元 (NZD)	0.350	0.650	0.650	0.650	1.450	1.500	1.500	1.600	1.650
歐元 (EUR)	0.001	0.001	0.001	0.001	0.001	0.001	0.001	0.001	0.002
人民幣 (CNY)	0.350	0.650	0.650	0.650	1.250	1.400	1.650	1.650	1.750

（資料來源：臺灣銀行網頁）

在低利率的時代，「外幣買賣」需要高超的投資技巧，與對國際情勢的精準眼光，並非眾人適用。小資族別把時間花在這上面，因為真的太難賺了！

缺點1 穩定貨幣漲幅有限，獲利無感

強勢貨幣（如美元、人民幣）穩定性足，漲跌幅度偏小，若再扣除交易成本，利潤僅剩下幾分幾毛。資本大能積少成多，資本小根本獲利無感。

缺點2 暴漲的貨幣，暴跌也不客氣

波動明顯的貨幣，雖然飆漲時速度驚天動地，但真正要跌時也絲毫不客氣。例如，當紅一時的澳幣、南非幣定存，沒有及時出場，恐怕已經叫苦連天。

缺點3 漲了不一定賺，跌了絕對賠

貨幣買賣會產生外匯交易成本，也就是買與賣的價差。波動大的外幣，買賣的價差就大，例如，南非幣買入與賣出的價差就將近 5%。

幣別	現金匯率		即期匯率	
	買入	賣出	買入	賣出
美金 (USD)	32.44500	32.98700	32.74500	32.84500
港幣 (HKD)	4.07000	4.26600	4.19200	4.25200
英鎊 (GBP)	45.68000	47.61000	46.54000	46.96000
澳幣 (AUD)	24.05000	24.72000	24.25000	24.48000
加拿大幣 (CAD)	24.23000	24.99000	24.51000	24.73000
新加坡幣 (SGD)	23.16000	23.96000	23.60000	23.78000
瑞士法郎 (CHF)	32.26000	33.34000	32.84000	33.13000
日圓 (JPY)	0.28180	0.29280	0.28820	0.29220
南非幣 (ZAR)	-	-	2.10000	2.20000

（資料來源：2016/03/08 營業時間牌告匯率）

　　小資族賺到的每一分錢，都是辛苦的，每個月省吃儉用，好不容易存到幾千元幾萬元，怎能不好好利用，讓既有的錢滾出意外的價值呢？

　　選擇把錢投進貨幣世界，等於是為「沒有把握的賭注」等待。一旦花了錢花了時間，等待結果卻不如預期，恐怕欲哭無淚。何況想要靠外幣投資賺到錢，資本夠多只是首要條件，投資人還得對市場有高度熟悉，搭配純熟的操作技巧，才有機會實現願望。

　　所以，**資本 100 萬以下的小資族，就暫時把買賣外幣的投資管道忘了吧！**真的想買，等手上資金累積超過 300 萬後，再來考慮也不遲。

地雷三：錢脈人脈兩頭空的「直銷」

「先別管這個了，你聽過○○○嗎？」

想必各位讀者對這個開場白，都不陌生。這大概是傳直銷商一貫的「拉客」說法。等到有人上鉤了，接著，就再利用傳直銷商上線「高到嚇死人」的年收入，和多數人的薪資水準比較，卯起來遊說他人加入。

也許真的是薪情不佳，臺灣平均約 9 ～ 10 人，就有 1 人加入傳直銷產業。不少人願意花時間上課拉客，期待透過做傳直銷，賺取額外收入，甚至有人乾脆當成正職來經營。但並不是每一個做直銷的人，都可以賺很大。

根據《天下雜誌》的調查與報導，二〇一五年，臺灣傳直銷商的平均年收入僅 35,000 元（平均一個月不到 3,000 元），收入達 300,000 元以上（約上班族年薪）的只占 0.53％。比對中 200 元發票的機率還低。

現實的是，傳直銷業並非無本生意。為了成為傳直銷商、拿獎金，可能要預先或持續繳交可觀的會費、購買不知能否順利賣出的商品囤積。

錢脈不能斷，人脈更不能斷。傳直銷商從零到有，得拉家人親戚拉朋友同學，彼此關係飽受考驗。賺不賺得到錢其次，萬一錢脈人脈兩頭空，真是賠了夫人又折兵。

臺灣傳直銷產業蓬勃，囊括旅遊、美容、餐飲、殯葬等產業。卻由於法令寬鬆，將近八成都違法，用「騙」的占大多數。不肖業者看準人性貪婪，與受害者「被騙→自我欺騙→再騙人」的心境轉折，設計階層制度。

　　例如，「廣西南寧資本投資」詐騙案，標榜投資 35 萬，三年內賺 5,000 萬。像極了天方夜譚的說法，上當的卻一個接一個，據說受騙人數超過 20 萬。

　　傳直銷的陷阱與風險，非一般小資族承受得起的。因此，我不太建議把傳直銷當成投資或工作。除非個性活潑、喜歡與人相處、對人際經營有天分，最重要的是，在尚未穩定賺錢前，不會影響到正職工作，綜合以上特點，並選擇合法的業者，才能把風險降到最低。

後記

可以替孩子鋪設康莊大道，
但先教會他：未來怎麼繼續走下去

「十倍速」的時代來臨了

　　我常講，最繁華的時候總是最悲涼，最光明的時候總是最迷惘，最黑暗的時候總是最恐慌。

　　現在很多人感到恐慌的原因之一，就是時代變化真的太快，快到人的腳步幾乎要跟不上了。回顧一下，科技在過去三十年間的進步速度，比過去三百年還快十倍——因為「十倍速」的時代來臨了！

　　這是一個無法迴避，保證會來的時代。若還是停留在老租宗的步伐與思維，只能等著被宣判出局。

　　新聞報導就常在回顧，過去二十年，多少行業一個一個被取代，而未來二十年，又有多少行業即將消失。

　　二十年前，爸爸開計程車、媽媽管家，養大五個小孩不成問題，換做現在，可能連自己都養不起。

　　每每午夜夢迴之時，想起未來，我也提心吊膽：以後的人類，到底是怎樣過生活的？電影裡，被機器人控制、統治的時代，是不是真的會到來？

　　當然，擔心孩子的成份，遠比擔心自己的高出許多。二十年後我都已經是七老八十，該退休享福的年紀了。而我的大兒子、小兒子，正值青壯年，他們有能力在社會上立足嗎？想到此，不禁為他們捏把冷汗。

　　其實，產業跟人一樣有生老病死。每個產業的循環，從旭陽到夕陽，都是有跡可循的。

一直視而不見，或不願面對現實，等到和「機器人」交接工作的那一天，才知道事態嚴重、代誌大條了，那就真的沒有任何準備的時間。

有人說「世界唯一不變的，就是『變、變、變』」。千萬不要相信「以不變應萬變」行的通。

原地踏步輸掉的是「生存的機會」

始終原地踏步的人，小心成為下一個被淘汰的人。當新的產品被發現、發明，舊的產品勢必慢慢被取代，最後難逃絕種的命運，黯然退出世界舞臺：

汽車機車出現，馬車消失。

打火機出現，火柴消失。

計算機出現，算盤消失。

CD 出現，錄音帶消失。

便利超商出現，雜貨店消失。

數位相機出現，膠卷底片沒落。

網路購物出現，傳統市場生意萎縮。⋯⋯

這並非誰奪走誰的生意，而是人總是接受新事物！很多人一生輸，就輸在新事物上。

因為「看不見，看不起，看不懂」，而不肯或不願接受，甚至是來不及適應新事物，一個不注意，就被時代的浪潮給淹沒。**人，要像隻變形蟲，隨時順應環境趨勢的改變，馳騁在每一波的風頭浪尖。**

過去，NOKIA 以「科技，始終來自於人性」打響名號，創造手機王國，更以「3310」型號奠定基礎，這個發源自芬蘭的小公司，逐漸被世界看見，更為國家創造 GDP（國內生產毛額）25％的奇蹟。

怎知道不過是經過短短十幾年，其他手機廠牌快速竄紅、追趕。NOKIA 卻仍在原地踏步。

　　曾經的優勢，被後起之秀打趴在地，智障型手機始終不敵智慧型手機的發展。曾經的芬蘭奇蹟（機），因為虧損連連，最終仍難逃被併購的命運。

　　我看了併購記者會的相關報導。印象很深刻的是，NOKIA 前總裁說「我們輸了，但我們沒有做錯什麼事」。新聞一出，就有人下了個聳動的結論──**「NOKIA 輸的不是賺錢的機會，而是生存的機會」**。

　　的確，不學習不改變並沒有錯，這是自己的選擇，而且有權利這樣選擇；但是，跟不上時代腳步，能不能活下來，選擇的權利就不在自己的手中了。

　　我相信，沒有爸媽願意自己的寶貝兒子、寶貝女兒，在二十年之後，輸掉生存機會，回頭啃老。

　　就有專家大膽預測，十年後人類的失業率，將高達25％，也就是說，每 4 個人之中，就有一人找不到工作。不去思考如何因應，就只能等著舉白旗投降。

　　當十幾億人口都將失業的日子到來，競爭之激烈，閉著眼睛都可以想像。那簡直就是人吃人的社會。即使成績再優異、表現再突出，也不一定能在人滿為患的「紅海」裡，殺出一條血路。

　　爸媽明明知道，朝紅海前進，往後得跟一堆人一爭長短，拚得死去活來，又何必一股勁把孩子往紅海裡送呢？不如現在開始調整方向，讓孩子在藍海裡獨樹一幟。

　　大部分的孩子是無知的，如果沒有天賦異稟、有別於他人的才能，前往藍海的道路，就要靠爸媽引導。

　　給孩子一盞明燈，指引他正確的方向，這樣一來，孩子以後才能擁有競爭力，甚至，沒人可以和他競爭。

　　自動化是一種必然的趨勢。

　　在未來，機器人將會一步步搶走原本屬於人類的工作飯碗。想當然耳，制式化的工作被取代的機率最高。這不用等到將來，現在就能窺見一二。

再加上教育普及，大學生、碩士生、博士生等人滿為患，人才濟濟卻讓企業「求不應供」，薪資開始倒退嚕，學歷不再是高薪的保證。

老闆不加薪、政府不給力，只好自己幫自己加薪。運用「理財投資」來創造額外收入，就變得相對重要。只有這樣才能在死薪水下，開創活水。這不只是爸媽馬上要執行，還要建立起孩子的正確觀念。

金錢教育，是絕對值得的投資

有人說，「入厝是沒閒一工，結婚是沒閒一世人」。尤其是在有了孩子之後，更是扛起甜蜜的負擔。每個孩子都是爸媽永遠的羈絆。

想為孩子鋪一條康莊大道，需要眼光卓越。但人的眼界依舊有限，還好孩子的成長，也會與時俱進的。

　　所以，**大人一邊幫孩子鋪路的同時，務必要教會孩子「如何判斷未來的趨勢」**。畢竟，爸媽再怎麼努力、再怎麼長命百歲，頂多替孩子運籌帷幄至成年。孩子大了終將放手，未來路要靠他自己開創。

　　「計畫，永遠趕不上變化」是不變的道理。但是，別忘了「計畫是可以改變的」。

　　爸媽不能忘記的是，教會孩子懂得因應趨勢、環境、潮流的發展，與時代一同向前邁進。

　　也就是說，要他學著「以萬變，應萬變」，這樣一來，鋪出來的路，才能走的好、走的穩、走到未來。

　　例如，計畫執行個三、五年之後，卻發現前路艱辛崎嶇、困難重重、走不下去、碰壁時，就要抓緊時間，趕快改弦易轍，否則一條死路繼續走，還是一條死路，迎接你（或孩子）的，遲早是死胡同。有道是「君子如水，隨方就圓，無處不自在」。

股市憲哥的 14 堂財商課

作　　者／賴憲政
企劃選書／蔡意琪
文字校對／賴謙誠
採訪＆編輯／蔡意琪

行銷經理／王維君
業務經理／羅越華
總 編 輯／林小鈴
發 行 人／何飛鵬
出　　版／新手父母出版　城邦文化事業股份有限公司
　　　　　台北市中山區民生東路二段 141 號 8 樓
　　　　　電話：(02) 2500-7008　　傳真：(02) 2502-7676
　　　　　E-mail：bwp.service@cite.com.tw
發　　行／英屬蓋曼群島商家庭傳媒股份有限公司城邦分公司
　　　　　台北市中山區民生東路二段 141 號 4 樓
　　　　　讀者服務專線：(02)2500-7718；(02)2500-7719
　　　　　24 小時傳真服務：(02)2500-1990；(02)2500-1991
　　　　　讀者服務信箱：E-mail：service@readingclub.com.tw
　　　　　劃撥帳號：19863813　　戶名：書蟲股份有限公司

香港發行所／城邦（香港）出版集團有限公司
　　　　　　香港灣仔駱克道 193 號 東超商業中心 1 樓
　　　　　　電話：(852) 2508-6231　　傳真：(852) 2578-9337
　　　　　　E-mail：hkcite@biznetvigator.com
馬新發行所／城邦（馬新）出版集團 Cite(M) Sdn. Bhd. (458372 U)
　　　　　　11, Jalan 30D/146, Desa Tasik, Sungai Besi,
　　　　　　57000 Kuala Lumpur, Malaysia.
　　　　　　電話：(603) 90563833　　傳真：(603) 90562833

封面設計／劉麗雪
內文設計＆排版／李喬葳
插圖／盧宏烈（老外）
製版印刷／卡樂彩色製版印刷有限公司

2016 年 03 月 17 日初版
2019 年 04 月 18 日修訂版

Printed in Taiwan

定價／360 元

城邦讀書花園
www.cite.com.tw

ISBN 978-986-5752-38-5
EAN 471-770-2906-16-0

國家圖書館出版品預行編目(CIP)資料

股市憲哥的親子理財學 / 賴憲政著. -- 初版. --
　臺北市：新手父母，
　城邦文化出版：家庭傳媒城邦分公司發行, 2016.03
　　面；　公分. --（好家教系列；SH0144）
ISBN 978-986-5752-38-5(平裝)

　　1.親職教育 2.理財

528.2　　　　　　　　　　　　　　105002718

　　找到一條生存之路，生命才會找到出口，重點是，得先開啟智慧，活到老學到老。期待讀完這本書，能替讀者的智慧加分數。